U0128560

图书在版编目（CIP）数据

文化·器物·衣冠 / 曾昭燏著 . -- 北京：中国文史出版社，2018.6

（文史存典系列丛书 . 考古卷）

ISBN 978-7-5205-0180-4

Ⅰ . ①文… Ⅱ . ①曾… Ⅲ . ①考古—研究—中国

Ⅳ . ① K87

中国版本图书馆 CIP 数据核字（2018）第 053674 号

出品人	：刘未鸣	责任编辑：窦忠如　刘华夏
策划人	：窦忠如	责任校对：程铁柱
装帧设计	：润一文化	实习编辑：孟凡龙　王　丰

出版发行：**中国文史出版社**

社　　址：北京市西城区太平桥大街 23 号　邮编：100811

电　　话：010—66173572　66168268　66192736（发行部）

传　　真：010—66192703

印　　装：廊坊市海涛印刷有限公司

经　　销：全国新华书店

开　　本：720 毫米 ×889 毫米　1/16

印　　张：19

字　　数：245 千字

版　　次：2018 年 7 月北京第 1 版

印　　次：2018 年 7 月第 1 次印刷

定　　价：86.00 元

文史存典
WENSHI CUNDIAN

刘庆柱·主编

文化·器物·衣冠

曾昭燏·著

中国文史出版社

《文史存典系列丛书》学术顾问委员会

（按照姓氏笔画排序）

出版说明

　　中华民族历史悠久，文化源远流长，各个领域都熠熠闪光，文史著述灿若星辰。遗憾的是，"五四"以降，中华传统文化被弃之如敝屣，西风一度压倒东风。"求木之长者，必固其根本；欲流之远者，必浚其泉源。"中华优秀传统文化是中华民族的精神命脉，也是我们在激荡的世界文化中站稳脚跟的坚实根基。因此，国人需要文化自觉的意识与文化自尊的态度，更需要文化精神的自强与文化自信的彰显。有鉴于此，我社以第五编辑室为班底，在社领导的统筹安排下，在兄弟编辑室的通力合作下，在文化大家与学术巨擘的倾力襄助下，耗时十三个月，在浩如烟海的近代经典文史著述中，将这些文史大家的代表作、经典等遴选结集出版，取名《文史存典系列丛书》（拟10卷），每卷成立编委会，特邀该领域具有标志性、旗帜性的学术文化名家为主编。

　　"横空盘硬语，妥帖力排奡。"经典不是抽象的符号，而是一篇一篇具体的文章，有筋骨、有道德、有温度，更有学术传承的崇高价值。此次推出第一辑五卷，包括文物卷、考古卷、文化卷、建筑卷、史学卷。文物卷特请谢辰生先生为主编，透过王国维、傅增湘、朱家溍等诸位先生的笔端，撷取时光中的吉光片羽，欣赏人类宝贵的历史文化遗产；考古卷特请刘庆柱先生为主编，选取梁思永、董作宾、曾昭燏先生等诸位考古学家的作品，将历史与当下凝在笔端，化作一条纽带，让我们可以触摸时空的温度；文化卷特请冯骥才先生为主编，胡适、陈梦家、林语堂等诸位先生的笔锋所指之处，让内心深处发出自我叩问，于夜阑人静处回响；建筑卷特请吴良镛先生为主编，选取梁思成、林徽因、刘敦桢等诸位哲匠的作品，遍览亭台、楼榭、古城墙，感叹传统建筑工艺的"尺蠖规矩"；史学卷特请李学勤先生为主编，跟随梁启超、陈寅恪、傅斯年等诸位史学大家的笔尖游走在历史的长河中，来一番对悠悠岁月的探源。

　　需要说明的是，限于我们编辑的学识，加之时间紧促等缘故，遴选的文章未必尽如人意，编选体例未必尽符规律，编校质量未必毫无差错，但是谨慎、认真、细致与用心是我们编辑恪守的宗旨，故此敬请方家不吝指谬。

中国文史出版社

2018年4月16日

目　录

中国彩陶文化

　　中国彩陶文化，从发现到现在，将近30年的历史了。自从1921年安特生在河南渑池县仰韶村发现那最初的一块红底黑画的陶片后，这个丰富的、美丽的中国史前文化，好像一个蟠结在地下的千年老树根，忽然透出一枝嫩芽来。根据这个线索，安特生从1921年到1922年，在河南发现好几个彩陶遗址，1923年到1924年，在甘肃又发现50个以上的彩陶遗址，安氏在这些遗址上发掘，采集了不少陶器。1923年，在《地质学报》中，安氏发表《中华远古之文化》一文，1925年，安氏又发表《甘肃考古记》一书，于是这个新鲜的题目，在中外学术界引起了浓厚的兴趣。从安氏发表他的上述论著到现在的20多年中，许多的学者，连安氏自己在内，对这问题作过，而且还正在作不断的努力，对于安氏原来的学说，做过不少的补充和修正，并提出许多待解决的问题。可惜的是，这20多年来许多专门学者辛勤地做出来的成绩，还没有被广大的人民群众所注意，现在许多中学历史教科书提到中国彩陶文化的时候，大半还采取安氏1925年的旧说，有些则只把中国彩陶文化或所谓"仰韶文化"简单地带上一笔，给人一个很模糊的观念。现在我们写出这篇短文，目的就是把关于中国彩陶文化几个应当注意的问题提出来，把最近几位考古学者的学说综合起来，介绍给大家，再配合我们正在举办的本市八宝前街所出的彩陶展览，这样可使中小学生和一般上补习学校的人在学习本国历史的时候，对于彩陶文化有个比较清楚和正确的概念。

这里首先要讨论的，是中国彩陶文化分期的问题。安特生在他的《甘肃考古记》中，分甘肃的古代文化为六期：（一）齐家期；（二）仰韶期；（三）马厂期；（四）辛店期；（五）寺洼期；（六）沙井期。安氏并认为六期是相衔接的。在1943年，安氏又发表《中国史前时期的研究》一书，仍保持他以前的学说，并从仰韶到沙井期的陶器上，找出器物的形制和纹饰许多相似之点和种种发展演变的痕迹，以证明这五期文化是有着前后孕育承袭的关系，虽然安氏不得不承认齐家期和仰韶期的联系是非常微弱的。可是经过许多的学者，如前中央研究院历史语言研究所的夏鼐和刘燿、瑞典的比林阿尔提的研究，都认为齐家文化比仰韶晚，并且两者是属于两个文化系统，不是哪一个由哪一个演化而来。同时夏鼐在临洮寺洼山做了很久发掘工作以后，认为寺洼和辛店可能是同一时代的两种文化，辛店是承袭马家窑文化（即甘肃的仰韶文化）一系统，而寺洼则是一种外来文化。同样的理由，寺洼和沙井也是两个文化，后者并不是从前者变化而来。这些说法，是有它各方面的根据的，比起安特生来，理由似乎要充足得多。

其次是各文化期的绝对年代问题。安特生在他的《甘肃考古记》

中，假定六期文化每期的年代，平均为300年，六期共1800年，它们的绝对年代，在公元前3500年与前1700年之间。到他发表《中国史前时期的研究》一书的时候，他把时代向后挪移了1000年，作了如下的改正：（一）齐家期——公元前2500至前2200年；（二）仰韶期——公元前2200至前1700年；（三）马厂期——公元前1700至前1300年；（四）辛店期——公元前1300至前1000年；（五）寺洼期——公元前1000至前700年；（六）沙井期——公元前700至前500年。但按前一段的说法，根本齐家和寺洼是另外两个文化，与其他四期不相衔接，则安特生所定的各期的年代，自然是不正确的。夏鼐认为齐家期和仰韶期的时代，应当倒转过来，即仰韶期在公元前2500至前2200年左右，齐家期在公元前2200至前1700年左右。关于寺洼文化，夏鼐只大略地断定它是晚于甘肃仰韶期而早于中国的汉朝。裴文中并认为沙井期的文化相当于中国的秦汉或以后。无疑的裴夏两氏的说法，要比安特生谨慎得多。

　　再次要提到的是各期文化的特点，为避免离题太远，我们单就陶器来讨论。根据各家研究的结果，真正够得上称作彩陶文化的，只有仰韶、马厂、辛店、沙井四期。仰韶期的彩陶陶质坚密，制作精美，表面光润，纹饰繁复，为彩陶艺术的上品。马厂承仰韶以后，制作彩陶的技术，仍保持旧日的光辉，所不同的，陶质略为粗软，颜色略浅，表皮光泽略逊，纹饰的形状，多所改变而已。到了辛店期，虽然和前两期有许多相似之处，但显然的有极大的改变，陶质由致密变为疏松，表皮由光泽变为晦涩，纹饰由精美繁复的图案变为粗枝大叶的线条。这种改变，若不是受外来影响，则只是彩陶业衰落的结果而已。到了沙井期，以陶器的形制论，和上三期的联系很少，不过彩陶还遗留着，成为甘肃彩陶文化的尾声。关于齐家寺洼两期，可说是两个没有彩陶的史前文化。安特生在他的报告中已经说过，齐家期的陶器全是单色的，它们的特点，在形制上它们那种长颈大耳像希腊安佛拉式陶器的形状，在纹饰上是带有各式的压纹或凸出的条线，只有一片里面带有紫红色三角形的彩绘，这和仰韶、马厂、辛店各期的彩陶，是不能相提并论的。在真正的齐家期文化层中，从没有发现过真正彩陶片。至于寺洼期陶器，也是单色的，它们的特点是那带马鞍口的大陶瓮的形制，几次的科学发掘，都证明寺洼期陶器没有彩绘，仅有一种简单的凸饰。这和仰韶、马厂、辛店等期，显然是两个系统。所以严格说起来，齐家寺洼两个文化，不能说是彩陶文化，吴金鼎在他的《中国史前陶器》一书中，称为红陶文化，是个比较适当的名词。

最后要说到的是关于彩陶文化的分布和它们的时代问题。一般人有个观念，哪里发现彩陶，哪里便是同河南、甘肃的彩陶同时代的文化，更简单一点，概称它们为"仰韶文化"，这是很大的错误。这分布在各处的文化，在自己的区域内，也许有一大部分算得是史前时代，但是它们的年代是不同的。例如在公元前1400至前250年的时候，中原已进入具备一个极丰美的铜器文化的有史时代的商周了，而甘肃的马厂、辛店、寺洼等文化，还停滞在新石器时代与石铜并用时代的状态中。关于这个问题，裴文中在他的《中国史前时期之研究》一书中讨论得相当详细。他把中国彩陶文化分为黄河流域与边陲两大区域，两区域又各分许多小区，将各区所出的遗物互相比较，并和其他文化相比较，来断定它们的时代。这种综合式的研究，是个比较可靠的方法。兹将裴氏文章中的要点，系刊出来。

甲、黄河流域——彩陶文化的中心地区

一、中原地区

1. 豫西区（即河南区）——渑池县仰韶村——新石器时代晚期，公元前2000年前。

2. 豫北区（即平原区）——安阳的侯家庄、后冈、小屯村及浚县的大赉店等地——仰韶时期，下延至商代。

3. 晋南区——山西夏县西阴村及万泉荆村——晚于仰韶，或因地理的关系而显出不同。

二、黄河上游

1. 洮河流域——宁定、临洮、洮沙三县内的遗址——齐家、仰韶、辛店、寺洼四期。

2. 西宁附近——罗汉堂、朱家寨、马厂塬等地——仰韶及马厂两期。

3. 民勤附近——沙井——沙井期，当秦汉或以后。

乙、边陲区域——彩陶文化由黄河流域传布而来

一、长城附近沙城附近

1. 沙锅屯（锦西）——稍晚于仰韶。

2. 赤峰红山后（热河）——约公元前1700至前1000年。

3. 高家营子（张家口北）——晚于仰韶。

二、东南、西北及东北地区

1. 东南区。

（1）台湾。

（2）香港大湾——周或汉初。

2. 西北区。

（1）雅尔崖古城（吐鲁番西）沟北遗址——汉或更晚。

（2）雅尔崖古城沟西遗址——公元500至600年。

3. 东北区（辽东半岛区）。

（1）貔子窝单坨子——汉以前或汉初。

（2）貔子窝高丽寨——汉初或更晚。

当然裴氏这篇文章所列的，有许多地方需要补充，也有许多地方还可商榷。例如陕西省泾渭两水上游，曾发现过不少的彩陶遗址，还有四川理县和威州都出过彩陶片，这些都是值得研究的问题。各遗址的关系

和时代，同时的学者更有许多不同的意见。但是看了这个表以后，对于中国彩陶文化的传布区域和时代，总有个比较正确的观念了。

文化是非常错综复杂的东西。时代如此长久，地域如此广阔，民族如此复杂，各地各族历史的发展如此不均衡，把历史上某一个地区某一个特点来代表一整个国家的一段历史，是非常危险的事。研究历史如同研究任何其他学问一样，是必须从多方面看的。

（本文为国立南京博物院1950年印行的中小学教师讲授历史课程的参考资料之一。）

《司母戊鼎》前言[①]

　　司母戊鼎的出土地，在河南安阳洹水北岸西北岗东区。这地方是一略为突出地面的条形土岗，在安阳县城西北7.5公里，位于侯家庄北面，武官村西北面，所以称为西北岗。这里是商代王室陵墓所在地，抗日战争前，那时的中央研究院历史语言研究所曾在这里发掘了大墓9座，假大墓1座（即做好、加夯但未曾埋人的虚墓），小墓1259座。在1935年春天所发掘的一座大墓中，出有两件大铜鼎，形状差不多同司母戊鼎完全一样，只是比司母戊鼎略小些，一件上有牛头花纹，底内铸有

---

　　① 2011年3月，司母戊鼎更名为后母戊鼎。（编者注）

牛的象形字，一件上有鹿头花纹，底内铸有鹿的象形字，这就是有名的牛鼎、鹿鼎，和司母戊鼎是兄弟行的东西。两件鼎的出土地就在司母戊鼎的西面。

司母戊鼎是在1939年春天被当地农民在武官村姓吴的地主的田地中掘出来的。据说掘出来后，被当时占领安阳的日寇知道了，要来索取。大家出主意，把鼎锯成许多块，偷运出去，试试锯鼎的一足，没有锯下来（现在这鼎的后左足上锯痕还很深），于是又把鼎埋藏起来了。日寇投降后，吴姓地主把鼎送给国民党反动政府驻在安阳的一个姓赵的专员，赵把它献给伪中央政府，1946年11月运至南京，归当时的中央博物院筹备处保存。淮海战役起后，蒋介石卖国集团劫掠大批珍贵文物，运往台湾，牛鼎、鹿鼎也在其内，司母戊鼎幸而没有被劫走，南京解放后，由南京博物院保存陈列。

鼎是古代用来煮食物的东西，一般都是圆形三足的，但也有长方形四足的鼎，称为方鼎。司母戊鼎就是长方形的，有四个圆柱形的足，原有两耳，出土时一耳破碎，当时发掘者没有把碎片拾起来，所以只余一耳（右耳），1955年南京博物院才仿铸一个配上（左耳）。鼎长110厘米，宽75.5厘米，连耳高137厘米，重875公斤，其厚度各部分不同，是出土的古铜器中最重的，古铜鼎中最大的。

鼎的铸造方法：鼎身和四足是用合范法一次铸成的；计鼎身的四方用四块分范，分范的合缝处（即鼎的四角）有四条突起的带节的直棱，一方（右侧面）有范裂缝破碎另补一块的痕迹；器底亦用四块分范，分范的合缝处在底外现突起的十字形，甚为分明；四足，每足上部用三块分范合成，分范的合缝处也现突起的直条，下部分范的块数和形状都不很规则；器耳是另铸而后焊接上的，在缺一耳处的口缘上有凹槽，是安器耳之用的，器足内是空的，耳内也是空的。

鼎全身均盖绿锈，杂以土斑，有几处发现铜病（绿色粉锈），已用化学方法加以处理。

鼎身的四方都以花纹为周边，中留空白，形成一个图案的框子。两长方（即前后两方）的上下边，皆以雷纹为地，上加两条身体弯曲、有翼、有一足的夔龙纹，两夔首相对，中隔一条突起的带节的直棱，构成一兽面纹。两长方的左右边，亦以雷纹为地，上部加半个带牛角的兽面纹，中部加一条直立的夔龙纹，下部又加半个兽面纹，两个半个兽面纹与连接的一方的两个兽面纹对称，成为两个完整的兽面纹。两短方（即左右两侧面）的上下边，也是以雷纹为地，加两条夔龙纹，夔首相对构成一兽面纹，但这里夔龙的身子较短。左右边的花纹，和两长方左右边的差不多完全一样。鼎四足上部向外都有高突起的带羊角的兽面纹，向内都有阴刻线条的兽面纹。鼎耳向外的一面有两个直立虎纹，张口相对，中衔一人头，人头的形状和西北岗东区出土的铜制人面具很相似。耳下部与器口沿衔接处有两个带牛角的兽面纹。虎纹和兽面纹以外的空白处皆填以雷纹。耳的两侧面（即鼎的前后两面）各有两条大目鱼纹，鱼首尾相接，耳上面也有两条大目鱼纹，鱼首相对。耳内无纹，左右各有两个不甚规则形的孔，耳向内一面亦无纹。

鼎身一长方（后方）的内壁上距口沿约10厘米许铸有"司母戊"三字。这鼎是一件祭器，母戊是受祭人，她是供祭者的母亲，她以戊日生，死后她的儿子就以戊日祭她，因而称她为母戊。"司"字可能是动词，作祭祠的"祠"字解。这件鼎是商代一个王作来祭祠他母亲之用的，从器的形制、花纹来看，它是商代晚期的东西，离现在已3000多年。

这件鼎之所以被珍视，并非偶然的。它不仅是出土的古铜鼎中最大最重的一件，其形式的完整，制作的精美，也代表着商代铜器艺术的最高成就。很规则的长方形的器身，圆柱形的四足，直立口沿上的双耳，使人一见而感到一种端严凝重的气概。器的纹饰，有雷纹、龙纹、夔龙纹、兽面纹、鱼纹、虎纹、人面纹等，花样繁多。所有花纹，皆精密谨严，突出的兽面纹，更显得气魄雄伟。以花纹作周圈，中留空白，虚与实，疏与密，配合得宜，显出设计者艺术上极高的造诣。"司母戊"三字，每字均一笔不苟，"司"字单列，"母戊"两字并列，三字虽分开而又联成一气，构成如一幅图画一般，虽不整齐而看出结构的严谨。器的形制、花纹、铭文三者是相适应的，代表着商代晚期铜器的特有作风。

更重要的，我们应当想到：铸造这件大鼎的是什么人？他们怎样铸成了它的？我们知道商代手工业工场是用奴隶生产的。从安阳小屯发掘出来的大量的铜矿砂、木炭、烧土块、炼锅残片、陶范、铜汗、铜炼渣来看，我们也知道商代晚期铸造铜器，是用木炭为主要燃料，而用"将军盔"那样中型陶器作炼锅的。像铸造这样一件庞大的器物，我们可以想象到，在内范放好、外范合成、一切安置停当以后，有几百甚至上千的奴隶，组成百多个甚至将近两百个小组，在一大广场上，同时用木炭烧着熊熊的大火，同时把铜放在炼锅内熔炼，加入一定分量的锡。当铜锡在炼锅内熔化后，奴隶们把炽热的合金液倾注到鼎的外范里面去，直到范内不能再容，青铜液要溢出为止，于是鼎铸成了，铸成以后，当然还要经过许多修整手续。在这工作过程中，可能有不少奴隶因炭火的猛烈或者因热青铜液的溅出而被灼伤，也可能因工作稍为不合乎监工的意思而受到鞭挞，所以这件鼎的铸成，是含有多少人的血泪在其中的。我们今日看这件东西，不应单单从艺术的角度来欣赏它，更重要的，是应当认识到我们祖先创造这件东西的艰难，体会到这件伟大的艺术品的创造者是过着怎样的非人的生活的。这样我们会更珍惜它，也就会更热爱现在——这个人剥削人的制度业已消灭了的现在，而且会更鼓足干劲，为更美好的未来而斗争。

这件大鼎虽已驰名世界，但迄今为止，还没有人为它做过较详细的记录，我们认为替它写一本小册子，发表出来，是必要的，所以编成此录，以供各方面的参考。

　　（后母戊鼎原藏南京博物院，1959年调去北京中国历史博物馆，现藏中国国家博物馆。）

江南的佛教艺术

一、佛教传入以前中国的原始宗教信仰与神话
及其在艺术上的表现

中国的原始宗教，乃是一种自然崇拜。相信万物同人一样，皆有灵，凡天、地、日、月、星、辰、风、雨、雷、电、山、川、草、木，莫不有神，而且各有其形象。集中表现此种信仰之书，为《山海经》。近代西南各地，如湖南、四川就具此信仰。而大凉山彝族祭山神之礼，尤与《山海经》相近。湖南宁乡发现铜器的情况，亦此种信仰的表现。

通乎人与神之间，有一种特别的人，名曰巫。巫通神鬼，预知吉凶祸福。为人祈福禳祸，亦为人医病。古之巫多兼医，《说文》医字从巫。《山海经》为巫书，亦为医书，此种宗教，可称为巫教，在我国从上古到近代，上下俱通行。商代有巫咸、巫贤等人，从甲骨文中可看出，从《诗经》、《左传》中亦可看出。汉武帝系一雄主，但笃信巫教，《汉书》本纪中有许多记载。汉末五斗米教用符水为人治病，实际上是巫教，后来杂合一些神仙家言与黄老家言，发展而为道教。

神话所自出，与原始宗教同源，亦相信万物皆有灵，但与宗教有本质上的不同。宗教是消极的，向自然屈服的；神话是积极的，要解释自然，进而要征服自然。中国古代神话，在《山海经》、《楚辞·天问》、《淮南子》诸书中记录最多。

神仙家言起于战国时燕齐之地。盖由于见海上缥缈云烟、海市蜃楼，发生幻想而产生者。作神仙家言之人，讲究求不死之药，炼黄金，祈求长生不死，后发展至希图白日飞升，虽含原始科学在内，然仍是一种追求个人享受、个人幸福的思想。据亦此家言者，秦皇、汉武笃信之，曾百计以求。但二人均失败，自此以后，人主不复深信。此一家言，始通行于少数上层人物中，未普及于民间。

阴阳家言亦起于战国之世。所谓五行、五德相生相克之说，最初为朴素的唯物主义思想，后来为儒家所利用，作为统治者的工具，改正朔、易服色、封禅等事，即根据阴阳家言而出，再与儒者"作善降之百祥、作不善降之百殃"之说相结合而发展为天人相应之说，与巫教预知休咎吉凶之说相结合而发展为谶纬之学。此一学说，在汉代始终为统治阶级所拥护，直至清代，亦未消灭。

以上四种学说，各有一来说，各自成一系统，在汉以前，混淆之时极少。至汉武帝之世，始将四者混淆起来。汉武帝既信儒生之言，封泰山，禅梁父，立巫祠，又祠仙人。《山海经》神话中戴胜虎齿之西王母，成为有长生不死之药的神仙，且为东王公之配。神话传说中的黄帝，亦成为乘龙上天的神仙。

以上四种学说中的人物禽兽，在汉画中各有表现。如自然崇拜中山神的形象——人首鸟身、人首龙身的奇禽异兽等。神话中的伏羲、女娲、人皇九头、后羿射日等故事，均见于汉画像石上。如神仙家言中的东王公、西王母、有翼仙人等象，见于画像石上，见于铜镜上，亦见于错金银之铜器及漆器上。至于阴阳家言之青龙、白虎、朱雀、玄武，则石刻、砖瓦、铜器、铜镜，几乎无处不有。最有趣的，画家将四种学说中的人物禽兽杂合成大幅场面，以生动巧妙的笔法表现出来，使观者不感到有严肃的宗教气息，而只看到自然界伟大瑰丽的景象，呼吸到其活泼和谐的气息，此汉代画家最伟大的成功处。

佛教传入东土，以上四种学说，在人的心中，或者退居次要地位，其统治地位为佛教所取代，或者与佛教思想并行不悖，其绝对排斥佛家思想者，不过极少数人而已。其原因盖由于佛教对人生死问题，给予较实在、较圆满的解答，而给人将来的希望，亦不似神仙家言者的遥远。随着思想信仰的巩固与发展，艺术亦相应而突起。自汉以后，佛教艺术之勃兴，有由来矣。

佛教艺术，也继承了我国古代艺术的传说，如许多大幅画，其处理方法，颇似汉画。

二、佛教在江南的突盛

江南主要指江苏、浙江而言，湖南、四川等地情况，不甚了解。

佛教传入中国，最初当在西汉之时。《后汉书·光武王列传》楚王英传载：楚王英喜为浮屠斋戒祭祀，其奉黄缣，白纨赎罪，明帝诏报之，事在永平八年（65年），尚在白马驮经至洛阳之前。楚王英所在地，约跨今苏皖豫鲁诸省，在淮河之南北。永平十三年（70年），废徙丹阳泾县，在今南京西南安徽辖境，明帝仍加优遇，赐汤沐邑五百。从之南徙者数千人，佛教或因之益流布江南。明年，英乃自杀。

《三国志·吴志·刘繇传》记笮融起浮图祠事，《后汉书·陶谦传》有同样记载。融所建浮图当在下邳，即今之古邳镇。融为丹阳人，斋佛于此，必有其原因，而所新建的浮图，远近来观及就食者且万人，影响可能及于江南。

汉代遗物，有佛教影响之迹者，江苏未发现，山东及四川有之。从孙吴时起，佛教开始在江南兴盛。汉献帝时，大月支人支谦（其祖父法度以灵帝世率国人数百至洛阳），与乡人数十奔吴，孙权拜为博士，于黄武元年（222年）至建兴二年中（253年），译《维摩诘》等廿七种经，卒于建邺。又康僧会，其先康居人，世居天竺，父移交趾，会赤乌十年（247年）至建邺，孙权为建寺及塔。寺名建初寺，在中华门外雨花台北；塔名阿育王塔，在报恩寺附近，是江南寺及塔之最早者，会居寺中译经，以晋武帝太康元年（280年）卒。

历孙吴、东晋、宋、齐、梁、陈六朝，世主好佛者甚多，梁武帝尤甚。计自孙权时起，至陈亡时迄，高僧东来，著名者近三十批（据《高僧传》、《续高僧传》、《佛祖历代通载》、《开元释教录》、《出三藏记集》等），其从来之地，有天竺、迦维罗卫、交趾、扶南、月支、罽宾、康居、西域等地。其所到之地，主要是建康，亦到广陵及虎丘。其经由之路，或自长安、洛阳南下，或自蜀东下，或从海道先到青州、广州等地，而后达建康。

西行求法诸僧，有法显、智严、宝云、法勇等。

南朝佛寺之盛，杜牧之诗有"南朝四百八十寺"之句，陈作霖著《南朝佛寺志》一书，记载有寺名的27所，其中梁为最多，此单就建康

一地而言。据项慈园《浙江的佛教》一文，六朝时浙江建的寺院，计
199所。

自隋迄清，建康始终为佛教中心之一。

三、江南现存的重要佛教艺术品

所谓重要佛教艺术品，指较巨型的雕塑而言，小的铜造像等（虎丘
塔内一两件除外）不在此内。

当云冈、龙门、敦煌、麦积山诸石窟开凿之时，亦正江南佛教兴
盛之际，惜在江南，此类艺术宝库存留者绝少。佛寺壁画，今已荡然无
存。在江苏北部，有徐州云龙山兴化寺内石佛，为一座高三丈二尺余的
半身像，系就山岩的巨石刻成。此座石佛，据《旧五代史》卷十二《朱
友裕列传》及卷十六《葛从周列传》，均载："□□，朱瑾之兵阵于
彭门南石佛山下"，时当唐昭宗景福元年（892年），则唐末已有此石
佛。再据宋《苏颖滨集》中《魏佛狸歌》云："魏佛狸，饮泗水，……
卷舒三军如指使，奔驰万夫凿山嘴，云中孤月妙无比，……青莲湛然俯
下视。击钲卷斾抽行营，北徐府中军吏喜。度僧筑宝依云烟，俯窥城郭
众山底。"又贺方回和张谋甫《游石佛山诗序》云："南北史彭城图
经：'魏太平真君十一年南侵，至瓜步，筑宫驻跸，声欲渡江。……明
年春，旋师渡淮，复留连徐方，再旬始北去。在彭城南五里，因山□
佛，高十许丈。'"按太平真君十一年，明年为太武帝正平元年，即刘
宋元嘉二十八年（451年）。太武帝于太平真君七年（446年）灭佛，后
四年，雀浩诛死，帝颇悔之，业已行，难于中兴，然禁稍宽施。石佛
造成后，后人在其两侧依自然的峰崖继续雕造，造成一排一排的浮雕
佛像。据像旁的题字，有北魏太和十年（486年）七月、唐开元廿二年
（734年）五月、唐乾元三年（760年）四月、唐元和十三年（818年）、

宋政和七年（1117年）等。造像的题字，有的为皇帝、皇后求福，有的为自己的父母、妻子求福，有的为河西行人求保佑，其官衔有大将军、轻车都尉、左金吾卫等，惜人名模糊，不能辨认。雕刻的形式有山峰、瀑布、洞穴、岩窦，各种各样的佛像错落布置其间。故清康熙十四年祖文明记云："龛山为宇，削峰成相，四壁巉峭，阿罗汉、诸天、龙女历落岩窦间，天然如画。"有石佛殿，明洪武三十一年（1398年）建，宣德八年（1433年）毁于火，两侧造像受损甚大，幸石佛存。正统元年（1436年）殿重建，历成化、正德、万历、康熙、乾隆几次续修。咸丰时，为湘军驻兵之地，抗战时，日寇复驻于此，嗣后国民党反动派在此修建碉堡、炮垒，殿及佛像损坏严重。新中国成立后，将石佛殿重修，石佛像稍可看清楚的尚有72处，250余尊。

在江南的南朝石窟首推栖霞山（见笔记）。

浙江省新昌县南明山大佛寺中有大石佛像，传为梁天监十五年（516年）僧佑律师所造，《中国佛教画集》第80页有其照片。此大佛高十丈，两耳长七尺四寸，记称其"从地随龛，光焰通高十丈"，为江南罕见的大佛像。今被五层高楼罩着，不易拍照。又南明山亦有千佛崖，所凿佛龛，传亦南朝时物。诸像都似经后代修过。

南朝陵墓前许多石刻，似亦曾受佛教影响，如神道石柱之莲花盘。汉代有画莲花的藻井，但未见莲座、莲盘等，六朝始有。莲瓣丰腴，已启唐代之风。

栖霞寺中有两尊佛像，一尊曾被盗至日本，日本大地震后退还，面貌清晰，似是南朝作品。

隋唐时代佛刻，主要存于栖霞山千佛岩，虽无题记，而其风格可见。又有唐代经幢存于无锡。甘露寺铁塔内遗物，已在《文参》上发表。

杭州西湖周围，从五代起，开始石窟摩崖造像，如灵隐寺前飞来峰，满山遍布石刻佛像，在摩崖上俱是大造像，洞中则小的居多。又烟霞洞、石屋洞、南观音洞、慈云岭、黄龙洞、龙井寺、城隍山、凤凰山、葛岭等地均有刻佛像。诸像最早的为五代时，如慈云岭南坡有晋天福七年（942年）吴越王所造像（据咸淳《临安志》卷十二），在飞来峰金光洞内有周广顺元年（951年）滕绍宗造像及周显德六年（959年）周钦造像，烟霞洞内有吴越王钱元瓘妻弟吴延爽的造像，石屋洞内有后晋天福元年（936年）到宋开宝年间（975年）的造像。其后宋元两代，各有增造，据记载大小无虑千数，有题记者不少。西湖周围留下来的石窟像和摩崖造像，规模虽不及云冈、龙门，但其时代为五代至元朝，正可弥补云冈、龙门之所缺，其意义及价值是重要的。惜许多雕像，经天然的特别是人为的破坏，业已五官残缺，四肢不全。例如飞来峰有元江南佛教总统杨琏真伽发起雕凿的佛像，将自己及另两僧之像亦雕凿在内。杨琏真伽在江南无恶不作，发掘宋赵氏诸陵及大臣坟墓，残杀平民，受人赂遗美女宝物，江南人恨之刺骨。明嘉靖二十二年（1543年），杭州知府陈仕贤将三个石像打碎，命田汝成撰文记其事。清初，有蜀人张岱，寓居钱塘，作《峋嵝山房记》，自言："一日缘溪走，看佛像，骂杨髡，见一波斯胡坐龙像，蛮女四五献花果，皆裸形，勒石志之，乃真伽像也。余椎落其首，并碎诸蛮女，置溺溲处，以报之。"现在飞来峰有一龛，在大弥勒的左方下面，中雕三个和尚像，可能是杨琏真伽及周僧国、剡僧泽之像，如此，则陈仕贤和张岱均误打矣（见浙江省文管会编《西湖石窟艺术》）。

在江苏最重要的五代遗迹，为栖霞山的舍利塔。栖霞寺在唐时与山东灵岩、荆州玉泉、天台国清世称四大丛林。寺前唐高宗御制明徵君碑，高正臣书，御书篆额于碑阴。寺在武宗会昌中废，南唐时又重兴。今千佛岩上有徐铉、徐锴及宋人题名颇多。舍利塔系隋文帝仁寿元年（601年）敕建，南唐高越等重修。1931年又修，大致恢复旧观，惟刹系根据一般唐五代塔的制度用水泥制成加上者。

塔在大佛阁右方，用细致的灰白石造成。八角形，塔身五层，并有栏杆，正面石阶二级。基坛下层平面刻波涛纹，其中浮沈龙凤、鱼虾、蟹鳌等物；立面浮雕石榴花及凤凰，石榴花一正一倒，中间一石榴，周围花瓣围绕，花外用带花纹联系，上层立面浮雕石榴及凤凰，平面浮雕八角连续图案。基坛之上为塔座，上刻覆莲，莲瓣上有阴刻花纹。塔座上复有一八角形坛，分上、下及腰二层，上下均刻石榴花、凤凰、狮子之类，前后角柱上各作力士，左右角柱上各作立龙，上承塔身。坛腰隔板内浮雕释迦八相图（见笔记），雕错极为精细，装完全中国式，手法细巧圆熟，精致而不甚深厚，与宋代相去较近。坛上刻仰莲花座三层，花瓣上阴刻细丽的宝相花纹。

莲花座上，为塔身第一层，全部作八角柱形。正面作户形，双门紧闭，门上刻铜钉兽环。西面为普贤骑象图，东面被毁（疑是文殊骑狮图被铲去）。东南、西南、东北、西北四面均作半圆雕天王像，面目稍呆滞，但衣纹极流动。背面亦作户形，与正面户形相同，前后门两旁柱上，刻有《金刚经》四句偈。檐下斜面上各作飞天或乐天供养天人两体，肥胖多姿。其上出檐二层，上作瓦陇。塔自第二层以上，距离颇短，各面均作两圆拱龛，内刻坐佛，下有莲座，上作璎珞华绳。此塔形制美丽，雕饰精美，为一件相当完整的、价值很高的佛教艺术品。

苏州虎丘灵岩寺塔为吴越国新建，始建于五代末年，完成于北宋初年，1956年重修时其第二层内发现的经箱，有墨书"辛酉岁建隆二年十二月十七日　入塔"字样。建隆二年是宋太祖即位的第二年（961年）。虎丘塔内出土物甚多，其中铜造像三尊，石造像一尊，可看出当时风格。

宋代壁塑开始盛行。最重要的是吴县甪直镇南保圣寺的壁塑。按志书，保圣寺创于唐大中年间（847～859年），宋熙宁六年（1073年）重修，明清又重修。今存有唐宣宗大中八年（854年）经幢，宋绍兴十五年（1145年）重立的。经幢原在山门内左首，今移至古物陈列馆内，馆系1930年在正殿遗址上所建。保圣寺罗汉原为十八尊，传为杨惠之所塑。惠之，唐开元天宝（713～755年）间人。1918年顾颉刚曾去访问过，1924年日本美术史家大村西崖特来考察，归著《塑壁残影》一书，谓根据建筑法式，保圣寺实宋代所筑，而寺中之十八罗汉像，亦与寺同时，大村去时，罗汉只存十二尊，现存九尊，较完整者只五尊。刘敦桢先生根据形状、装饰各方面，断定是北宋时代物。

杭州飞来峰宋代卢舍那佛会浮雕（见笔记）。

太仓黄泾镇古塔废基内出土的佛像三尊，供养人二身，均木雕。皆轮廓圆匀丰满，线条柔和，同出土的有一方政和元年（1111年）砖刻塔铭。

在杭州，元代雕刻颇多，而苏州天池山宋鉴寺的雕刻，尤为元代的代表作品（见笔记）。

宋元两代罗汉诸天雕塑像特别成功的原因，盖以佛像及菩萨像均有定型，到唐代已臻其极，不易再有发展；罗汉数量既多，初为十六，出于玄奘所译的《法经记》，后扩大为十八，再后扩大为五百（净慈寺在南宋时就已有五百罗汉堂），且定型不是那样严格，诸天亦然，造像者在雕塑诸像时，可以不多受规格的束缚，尽量发挥其聪明智慧，将世人内心复杂的思想情绪在造像上表现出来。

明代雕塑艺术，总的来说，比宋元且有逊色。然有特殊几处值得一提者。

报恩寺塔琉璃砖，是1958年发现的，明成祖为纪念其母，在南京聚宝门外造报恩寺塔，塔全部用琉璃构件构成，即所谓琉璃塔，为14世纪世界七大奇迹之一。各琉璃构件表面，有的为装饰图案，有的则为佛教经典中的图像，厚重富丽，犹存唐代风韵，此与明开国时的伟大气魄相适应。

紫金庵在太湖洞庭东山西坞，四面环山。前殿两旁及后壁，共供罗汉及弥勒等共二十四像。左后壁的四像，是弥勒、关公等，当是后塑；右后壁像，可能亦后塑；惟左右两壁十六像，可能是原来的。诸像比例合度，衣褶流转自如，能表现质感。乾隆二十六年《紫金庵净因堂碑记》谓"殿中有十余应真像，怪伟陆离，塑出名手，余游于苏杭名山诸大刹，见应真像特高以大，未有精神超忽，呼之欲活如金庵者也。"诸像一般认为是明时。

江宁牛首山弘觉寺塔，为唐塔而明代重建者。1956年，在塔基层中央发现一圆洞，洞内出一鎏金喇嘛塔。塔下有四面雕刻花纹的须弥宝座，高16厘米，座正面刻二力士像，右刻双狮戏球，左刻双鹿斗角，后刻去龙。塔高35厘米。塔身有四个壶门，内有释迦、韦陀佛像等，上施有相轮、十三天、宝盖、宝珠等。座的下枋上前面刻有"金陵牛首山弘觉寺永充供养"字一列，后刻有"佛弟子御用监太监李福善奉施"字一列。在塔四周有宝罐、玉瓶、兽角雕刻的佛像等。

南通静业庵塑壁，是新近才发现的时代有争论的三件。

自宋以降，佛教艺术逐渐衰落，其原因不外以下四者：（一）国力强盛，国家富庶，至唐代达到顶峰，宋、元、明三代不如唐。宋及明逼于外患；元统治时间短促，且经济比较落后；清代前期虽可与唐并美，但其财赋用在其他方面，未用在佛教艺术上。（二）统治阶级积累了更多的经验，鉴于梁、魏的前尘，知道一心斋佛并不能使政权长久，要巩固国防，消除外患，加强对人民的统治，才能达到自己的目的。（三）自韩愈辟佛以后，士大夫受其影响甚深；加以与海外交通的发展，新的思想不断输入，扩大了人们的眼界，宗教迷信思想因而逐渐衰减。（四）艺术多方面的发展，人们的聪明才智，从多方面发展出来（如士大夫之于绘画，劳动人民之于手工艺品），不集中表现于宗教艺术上。

总之，佛教艺术，不会再兴，对于已有的宝贵遗产，如何爱护保存，并学习其技法，攫取其有益方面，使古为今用，是我们今天的责任。

（曾昭燏本文写作年代失考。本文版本参照南京博物院编《曾昭燏文集》，文物出版社1999年版）

中国古代铜器铭文与花纹

第一章 绪论

古代者，指秦以前而言。殷周二代，为中国制铜艺术最发达之时，其制作之精美，纹饰之繁缛，铭辞之藻丽，世界各国，自上古以迄于今，莫之能京也。是以研究中国铜器，蔚为专学，或论其大略，或详其一面，著述虽多，犹未能尽斯学之秘奥，然其风气之转移，可略得而说也。

殷周之世，铜器本为日用之物，其铭辞即当时通用之文字，花纹即当时流行之彩饰①，人习见而不以为异。至战国时，铜器制作之风，虽仍盛行于各国，而字体纹饰，皆叠经改易。当时人于旧时器物上之纹饰，或不能知其原意所在，而曲为解说。如《吕氏春秋》五言周鼎所著之纹，皆含垂戒之意②，实启宋人解释古代彝器纹饰之风。

自六国丧乱，继以秦楚，前代文物，丧失日众。迄于汉时，商周彝器，存者无几，偶一出土，惊为祥瑞，至得鼎而为改元③。且自秦兴隶书，汉代因之，通行上下，当时人且不识小篆，殷周古文，更以灭绝，鼎彝铭文，能识者惟一二博学之士耳。《汉书》载美阳得鼎，张敞按其铭勒而上议，实为考订铜器文字之始④。

自汉至宋，千有余年，吉金之学，湮晦无闻。至两宋时，斯学忽然大彰，官私诸书，如《宣和博古图》、《考古图》、《续考古图》以及薛、王、欧、赵之著述，久为世所共知。宋人之为斯学，一去前代侈言符瑞之风，考订文字，证以史实，兼重图像。虽不免时有误失，然其筚路蓝缕之功，不可废也。

宋代而后，经历元明，斯道复晦，至清中叶以降乃大昌。《西清古鉴》、《宁寿鉴古》、《西清续鉴》诸书，袭宋人《宣和博古图》之成法，内府珍藏，悉载其中。私家著述，更蔚为大观。如阮、徐、潘、刘、诸吴之作，辨识精确，考订详赡，超越前人。近代罗、王诸家，复承其绪，铜器文字之学，至斯而近于成矣。然诸家之论铜器铭辞，重在文字之识别，史实之考证，于书体一事，未曾加意研求。方濬益作《缀

---

① 甲骨文字与金文相同者甚多，而殷墟所出白陶，其纹饰与铜器上之花纹极似，足证此二语。

② 见《吕氏春秋》第四览《先识篇》，第五览《慎势篇》，第六览《离谓篇》，第七览《适威篇》，第八览《达郁篇》。

③ 见《汉书·武帝纪》。

④ 见《汉书·郊祀志下》。

遗斋彝器考释》，始以书体辨时代之先后[1]，盖于阮、吴诸家外，别开一途径者。

自宋人开著录图像之风，清代官私诸作，多袭其绪。而近代著述，如《武英殿彝器图录》、《善斋彝器图录》等，以照片拓本影印，精妙绝伦，研究铜器花纹者咸赖之。然诸书著者，其功在供世人以研究之资料，于花纹本身，固未加以有系统之论列也。胡小石先生作《古文变迁论》[2]，始重视花纹之演变。其论铜器铭文，亦以书体定时代，分三期：第一期为殷与周初器，第二期为宗周中叶以降器，第三期为东周时列国器。同时注意花纹与文字相应之变迁，谓第一期花纹以雷纹为主，第二期以环纹为主，第三期以雷带纹为主。此论实发前人所未发，独惜其过于简略，未能推衍而大之。及郭沫若作《两周金文辞大系考释》及《图录》二书，以铭文为主，西周系以年代，东周系以国别，亦附图像。其意盖欲合文字、花纹、形式三者，作一综合之研究，然亦只启其端而未详也。

论铜器花纹最周至而有系统者，不得不推瑞典人高本汉。高氏于其《中国铜器中之殷与周》一文中[3]，分铜器为四式：（一）殷式，（二）殷周式，（三）中周式，（四）淮式，每式各列举其形制花纹之特点。继又作《中国铜器之新研究》一文[4]，合殷式与殷周式为一期，将此期之铜器花纹，作更精密之分析。复将淮式花纹与所谓鄂尔多斯艺术（Ordos Art），比较其相同之点。高氏二文之价值，在不怀主见，不作空言，集数千器

---

[1]　方氏之书，世人注意者甚少，然其中特多精警处；其《彝器说》中论书体之变迁，实为不刊之论。

[2]　见中央大学《文艺丛刊》，民国廿二年（1933年）出版。

[3]　原名见本章末。

[4]　B.Karlgren, New Studies on Chinese Bronzes, Bulletin of the Museum of Far Eastern Antiquities No.9, Stockholm 1937.

物，作客观之分析，故其结果虽非绝对无误，而其正确之程度，远非臆测者可比。高氏于其第一文中，据铭文以定器之时代，分为五类：（一）殷器；（二）周王室器；（三）列国器；（四）含周代氏族之器；（五）含周代人名"某某父"之器。此种分类法，自极详密，顾以异邦人研究中国古代文字，用力虽勤，终不免有谬误处。高氏亦知早期书体与晚期书体之不同，然只能见其然而不能言其所以然。盖书法之基本条件：一曰用笔，二曰结体，三曰布白，书体之同异，悉基于是三者，此又非高氏所能知也。

总之，近代关于吉金之著述，论铭辞者，当推郭氏二书为最能集其大成，论花纹者，则推高氏之作。若能取二人之长，再加以书体及辞例，综合而研究之，庶乎金文之学，纲领粗备。本书之作，窃有是意，然为资料所限，亦惟略言之耳。

本书于形制一事，略而不论。形制为专门之学，近人如王国维、容庚等，曾有专文论之[①]。然皆患其太简，且多考订前人所定之名称，未曾于形制本身作细密之分析。高本汉第一文，虽论及形制处颇多，亦未加以缜密之研究。欲求一关于形制之书，如郭氏之书关于铭辞，高氏之书关于花纹者，且不可得，是在治吉金学者之努力而已。

尚有一事须提及者。自来铜器之绝对年代问题，为金文家聚讼之点。吴其昌作《金文疑年表》[②]，据《三统历》以推定周代二百余铜器之绝对年代，同时郭沫若力反其说。窃谓周代所用果为何历，今日尚不可知。在此问题未解决前，欲强以铜器铭辞中所载之年月与后代之历相附合，未免近于削足就履。故本书于器之绝对年代问题，除铭辞自述而外，不欲强加论断。即周室开国，果在何年，西周历岁，果为几何，以

---

① 例如王国维：《古礼器略说》，见《雪堂丛刊》；容庚：《殷周礼乐器考略》，见《燕京学报》第一期。

② 见《国立北平图书馆馆刊》第六卷第五、六两号。

及西周诸王在位年岁诸问题，本书皆不欲涉及。盖研究铜器铭文与花纹之演变，重在其演变之过程，只须知器之大概年代，相差数载或数十载，固无关宏旨也。

本书所取材料，特重近代著述，尤以罗振玉《三代吉金文存》、郭沫若《两周金文辞大系图录》及高本汉二文为主。以其晚出，搜罗较富，赝品绝少，且书易得，便读者之检阅耳。其采用他书处，亦并注明之。又引书时多用简称，兹悉举之于下。

西　＝西清古鉴

　　　　　四十卷，清高宗敕编，内府刊本。

西甲＝西清续鉴甲编

　　　　　二十卷，附录一卷，清高宗敕编，涵芬楼影印本。

怀　＝怀米山房吉金图

　　　　　二册，曹载奎著，陈乃乾影印原石本。

长　＝长安获古编

　　　　　二卷，刘喜海著，光绪三十一年（1905年）刊本。

攀　＝攀古楼彝器款识

　　　　　二册，潘祖荫著，同治十一年（1872年）自刊本。

两罍＝两罍轩彝器图释

　　　　　十二卷，吴云著，同治十一年（1872年）自刊本。

恒　＝恒轩所见所藏吉金录

　　　　　一卷，吴大澂著，光绪十一年（1885年）自刊本。

攗　＝攗古录金文

　　　　　三卷九册，吴式芬著，光绪廿一年（1895年）刊本。

奇　＝奇觚室吉金文述

　　　　　二十卷，刘心源著，光绪廿八年（1902年）石印本。

陶　＝陶斋吉金录

八卷，端方著，光绪三十四年（1908年）石印本。

愙　＝愙斋集古录

二十六册，吴大澂著，民国七年（1918年）影印本。

贞　＝贞松堂集古遗文

十六卷，罗振玉著，民国二十年（1931年）石印本。

贞补＝贞松堂集古遗文补遗

三卷，罗振玉著，民国二十年（1931年）石印本。

贞续＝贞松堂集古遗文续编

三卷，罗振玉著，民国廿三年（1934年）石印本。

贞图＝贞松堂吉金图

三卷，罗振玉著，民国廿四年（1935年）影印本。

梦　＝梦郼草堂吉金图

三卷，罗振玉著，影印本。

梦续＝梦郼草堂吉金图续编

一卷，罗振玉著，影印本。

三　＝三代吉金文存

二十卷，罗振玉著，民国廿六年（1937年）影印本。

宝　＝宝蕴楼彝器图录

二册，容庚著，民国十八年（1929年）影印本。

武　＝武英殿彝器图录

二册，容庚著，民国廿三年（1934年）影印本。

颂　＝颂斋吉金图录

一册，容庚著，民国廿五年（1936年）影印本。

颂续＝颂斋吉金续录

二册，容庚著，民国廿七年（1938年）影印本。

善彝＝善斋彝器图录

三册，容庚著，民国廿五年（1936年）影印本。

善吉＝善斋吉金录

廿八册，刘体智著，民国廿三年（1934年）石印本。

䰃　＝䰃氏编钟考释

一卷，徐中舒著，民国廿一年（1932年）影印本。

双　＝双剑誃吉金图录

二卷，于省吾著，民国廿三年（1934年）影印本。

两　＝两周金文辞大系图录

五册，郭沫若著，民国廿四年（1935年）影印本。

两释＝两周金文辞大系考释

三册，郭沫若著，民国廿四年（1935年）石印本。

十　＝十二家吉金图录

二册，商承祚著，民国廿四年（1935年）影印本。

邺初＝邺中片羽初集

二册，黄濬著，民国廿四年（1935年）影印本。

邺二＝邺中片羽二集

二册，黄濬著，民国廿六年（1937年）影印本。

尊　＝尊古斋所见吉金图

四册，黄濬著，民国廿五年（1936年）影印本。

泉　＝泉屋清赏

彝器部三册，耕田滨作著，1919年。

欧　＝欧美储藏支那古铜精华

彝器部三册，梅原末治著，1934年。

猷　＝猷氏集古录

The George Eumorfopoulos Collection Catalogue of the Chinese
and Corean Bronzes……，　by W.Perceval Yetts，London 1929，

1930.

克　＝克氏吉金录

　　　The Cu11 Chinese Bronzes，by W.Perceva1 Yetts，London，
　　　1939.

中　＝中国铜器中之殷与周

　　　Yin and Chou in Chinese Bronzes.by Bernhard Kar1gren，
　　　Stockho1m 1935.

B.M.＝Bur1ington Magazine

第二章　徽识

　　中国古代铜器，常有图形，作鸟、兽、虫、鱼、人、物或其他不可识之状。其所在之地，多为器之隐处，如腹内、底上、鋬后等，知其不为装饰而设。此等图形，介乎图画与文字二者之间。谓为图画，则无装饰意义，谓为文字，则多不可识，与当时行世之文字迥别。前人好强加解释，如见戎器则以为铭武功，见牺畜则以为供祭祀，郭沫若始反其说。郭氏有言曰："凡图形之作鸟、兽、虫、鱼之形者，必系原始民族之图腾或其孑遗。其非鸟、兽、虫、鱼之形者，乃图腾之转变，盖已有相当进展之文化而已脱去原始畛域者之族徽也。"①郭氏此论，自较前人为胜。然谓非鸟、兽、虫、鱼之形较鸟、兽、虫、鱼之形为进步，似属无稽。正犹六书中，象形指事，同时并起，不能谓其孰先孰后也。且图腾一名，含义颇狭，用之此处，未为适当。即族徽之名，亦未能概括一切。盖铜器上图形，或著氏族，或纪官爵，或作其他记号，未必全为族徽也。本章称为徽识，以示较广之含义。

---

　　①　见《殷周青铜器铭文之研究》第十二页。

　　此等图形，有独见器上者，有带文字者，其所带文字，可分为六种。①

　　（1）一二字，或著受祭者或作器者之名爵，或意义不甚明晰，如"妇"字、"从"字等。

　　（2）受祭者名，如"父甲"、"祖丁"等。

　　（3）受祭者名兼器名，如"作父乙彝"、"作祖丁宝障彝"等。

　　（4）作器者名兼器名，如"某作彝"、"某作旅彝"等。

　　（5）作器者名兼受祭者名兼器名，如"某作父丁彝"（有时省去彝字）、"某作父己宝障彝"等。

　　（6）纪事铭辞，其文多在十名以上，百名以下。（周代带徽识之器，铭辞有甚长者，详后。）

　　兹取《三代吉金文存》一书，择其所录图形可称为徽识者，计五百余，各写其状，为之编次②（图一）。是书所载，尚远过此数，其未为写出者，大致不外以下五种：（1）原书拓本不清晰者；（2）图形不全者；（3）近于后起之形声或会意字，距图画过远者；（4）虽为奇异图形，而只一二见，见时其下皆著"作彝"或"作某某彝"等语，疑为人名而非徽识，故不录；（5）数形所合成之图，有时似有文法上之意义，非悉为简单之徽识，故未备录。总之，上所取舍，虽未必尽当，然重要之徽识，大致可见矣。

　　图一之徽识五百余，大略论之，可分为八类。

　　（一）表示人之姿态动作或近是者，或数形所合成之图，其中至少有一形表示人之姿态动作或近是者（图一1～135）。

　　（二）表示人身体之一部分或其动作或近是者，或数形所合成之图，其中至少有一形表示人身体之一部分或其动作或近是者（图一

---

　　① 参看陈梦家：《中国铜器概述》。

　　② 一种徽识，往往有数异形，或形状略变，或位置改换。遇此种情形，多只择其一形作图，其他异形所见器上次数，悉记于此图之下。惟少数徽识（如70、109、475、523），录数异形以示例。

136～186）。

（三）作鸟、兽、虫、鱼之形，或数形所合成之图，其中至少有一形作鸟、兽、虫、鱼之形者（图一187～260）。

（四）作用器或戎器之形或近是者，或数形所合成之图，其中至少有一形作用器或戎器之形或近是者（图一261～383）。

（五）作山、田、草木、屋宇或门户之形或近是者，或数形所合成之图，其中至少有一形作山、田、草木、屋宇或门户之形或近是者（图一384～414）。

（六）作简单之符号，或数形所合成之图，其中至少有一形作简单之符号者（图一415～473）。

（七）带"亚"形之图（图一474～515）。

（八）带"册"字之图（图一516～538）。

此徽识538，见于器上次数，多寡不同，多者至百余见，少者只一见。兹就《三代吉金文存》一书所录，将每一徽识所见次数，按器形分类记之。不取他书，惧其复也。每一徽识，又分A、B二类：A类为单见之图形，B类为图形带有文字者。其文字六种如上所举者，不复加以区别。以数目而计，第二种最多，第三种、第五种次之，第六种最少。

徽识 1

 鼎B1　爵B1　共B2　凡2器

徽识 2

 鼎A1　只1器

徽识 3

 鼎A1，B1　尊B3　卣B3　觯B1　爵A1，B1　戈A1　共A3，B9凡12器

徽识 4

 觯B1　只1器

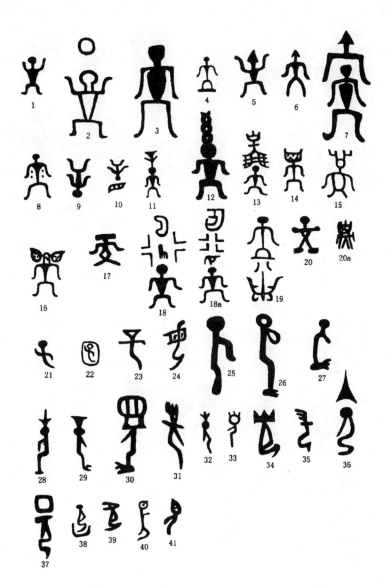

图一　铜器上所见徽识

图一　（续）

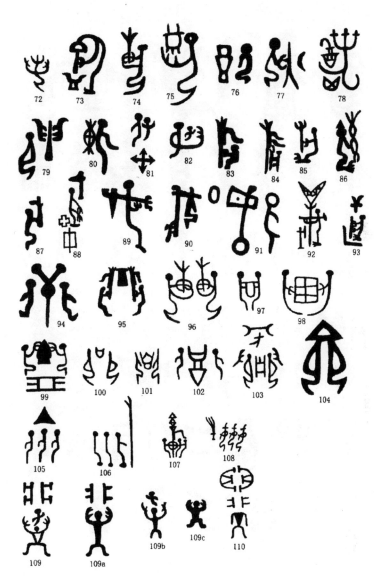

图一 （续）

图一　（续）

图一　（续）

图一 （续）

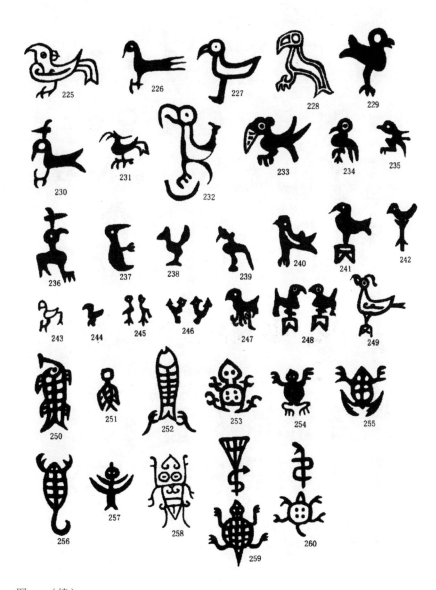

图一　（续）

图一 （续）

图一　（续）

图一　（续）

图一　（续）

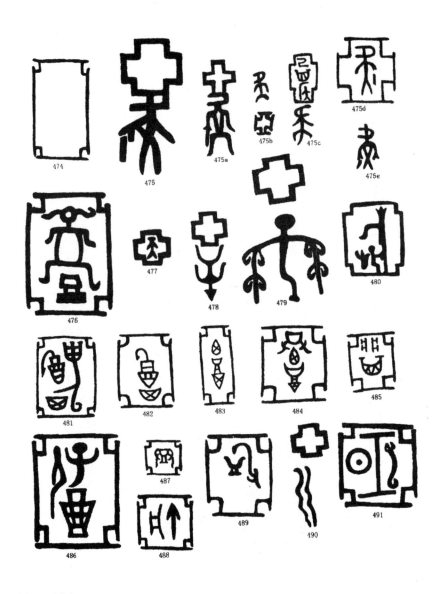

图一　（续）

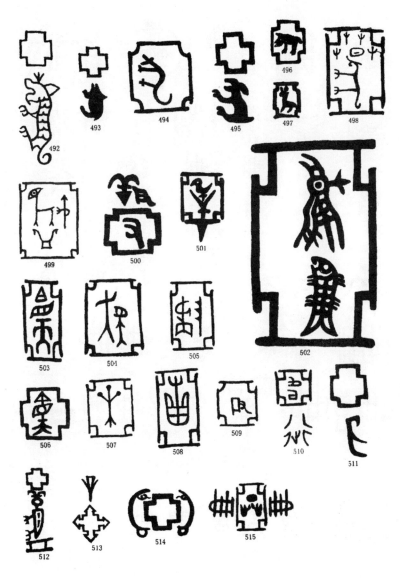

图一 （续）

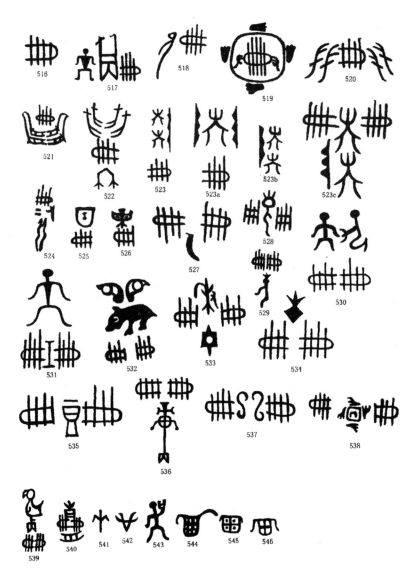

图一 （续）

徽识 5

　　觚A1　只1器

徽识 6

　　盉A1　马銮A1　共A2　凡2器

徽识 7

　　甗A1　只1器

徽识 8

　　鼎B1　只1器

徽识 9

　　爵B1　只1器

徽识 10

　　爵B3　凡3器

徽识 11

　　鼎A1　只1器

徽识 12

　　卣A2　爵A1　共A3　凡3器

徽识 13

　　觯B1　只1器

徽识 14

　　鼎B1　鬲B1　罃A1　共A1，B2　凡3器

徽识 15

　　彝B1　只1器

徽识 16

　　壶B1　卣B1　共B2　凡2器

徽识 17

　　觚B1　戈A1　共A1，B1　凡2器

徽识 18

　　鼎B3　彝B1　共B4　凡4器

徽识 18a　此与18为一物，惟形状略异。

　　鼎B1　只1器

徽识 19

　　卣B2　凡2器

徽识 20

　　爵B1　只1器

徽识 20a

　　鼎A1　铙A1　车銮A2　共A4　凡4器

徽识 21

　　鼎B3　彝B3　壶B1　卣A2，B3　盉A1，B1　觚B1　觯B7

　　爵A3，B11　共A6，B30　凡36器

徽识 22

　　爵A1，B1　凡2器

徽识 23　此与21或为一物。

　　鼎A1　簋B1　共A1，B1　凡2器

徽识 24

　　尊B2　凡2器

徽识 25

　　斝A1　只1器

徽识 26

　　鼎A1　只1器

徽识 27

　　觚A1　爵B1　共A1，B1　凡2器

徽识 28

鼎A1　斝A1　爵A1　共A3　凡3器

徽识 29

卣B1　觯B1　匜B1　共B3　凡3器

徽识 30

彝A1　只1器

徽识 31

壶A1　只1器

徽识 32

盉B1　爵B1　共B2　凡2器

徽识 33　此与32当为一家之徽识，因二者所带文字，均有臣辰之名。

鼎B1　彝B3　簋B1　尊B1　卣B2　觯B1　爵A1，B5

共A1，B14　凡15器

徽识 34

鼎A1　只1器

徽识 35

鼎A1　只1器

徽识 36

彝A1　只1器

徽识 37

爵A2　凡2器

徽识 38

觚B1　只1器

徽识 39

爵B2　凡2器

徽识 40

爵A1　只1器

徽识 41

　斝A1　戈A2　共A3　凡3器

徽识 42

　彝A1　卣A2　爵B1　共A3，B1　凡4器

徽识 43

　爵A1　只1器

徽识 44

　尊B1　只1器

徽识 45

　彝A1　只1器

徽识 46

　爵A1　只1器

徽识 47

　爵A2　凡2器

徽识 48

　尊B1　只1器

徽识 49

　甗A1　只1器

徽识 50

　彝B1　只1器

徽识 51

　盉A1　只1器

徽识 52

　尊B1　只1器

徽识 53

　斝A1，B1　凡2器

徽识 54

　彝A1　只1器

徽识 55

　鼎A2　甗B1　爵B5　共A2，B6　凡8器

徽识 56

　鼎B1　只1器

徽识 57

　觯B1　只1器

徽识 58

　彝B1　只1器

徽识 59

　卣A1　只1器

徽识 60

　爵A1　只1器

徽识 61

　尊B1　瓿A1　觯B3　爵B1　共A1，B5　凡6器

徽识 62

　彝B1　瓿B1　共B2　凡2器

徽识 63

　瓿A2　凡2器

徽识 64

　瓿A1　只1器

徽识 65

　簋B1　只1器

徽识 66

　瓿A1　只1器

徽识 67

　鼎A2，B3　彝B1　卣B1　盉B1　觯A1　爵B2　角B1　盘B1

　共A3，B10　凡13器

徽识 68

　觚B1　只1器

徽识 69

　爵B1　只1器

徽识 70　70a，b均为此之异形。

　鼎B2　尊A1　盉B1　共A1，B3　凡4器

徽识 70a

　鼎A3，B1　觚A1，B1　爵A2，B2　共A6，B4　凡10器

徽识 70b

　尊B1　只1器

徽识 71

　盉A1　只1器

徽识 72

　爵B1　戈B1　共B2　凡2器

徽识 73

　卣B2　凡2器

徽识 74

　彝B1　觚A1　共A1，B1　凡2器

徽识 75

　彝B1　卣B1　共B2　凡2器

徽识 76

　量A1　只1器

徽识 77

卤B1　只1器

徽识 78

彝B1　只1器

徽识 79

鼎A1　彝B1　爵B1　共A1，B2　凡3器

徽识 80　此徽识之人形，或在左，或在右。

鼎A1　壶B1　觚A1，B1　觯B2　爵A3，B2　共A5，B6　凡11器

徽识 81

爵A1　只1器

徽识 82

鼎A2　簋B1　卤B1　爵A1　共A3，B2　凡5器

徽识 83　以徽识异形颇多。

彝A1　尊A1　卤A1　觚A2　爵A2，B1　共A7，B1　凡8器

徽识 84

爵A1　只1器

徽识 85

爵B1　只1器

徽识 86

爵A1　只1器

徽识 87

爵A1　只1器

徽识 88

爵A1　只1器

徽识 89

彝B2　卤B2　爵B1　戈A1　共A1，B5　凡6器

徽识 90

觚A1　戈A1　共A2　凡2器

徽识 91

卣A1　只1器

徽识 92

爵A1　只1器

徽识 93

觚A1　只1器

徽识 94

彝A1　觯A1　爵A1　共A3　凡3器

徽识 95

觚A1　只1器

徽识 96

彝A1　卣B2　觚B1　爵B1　共A1，B4　凡5器

徽识 97

爵B1　只1器

徽识 98

鼎B1　只1器

徽识 99

彝A1　壶A1　觚A1，B1　爵A1，B1　共A4，B2　凡6器

徽识 100

鼎B1　只1器

徽识 101

爵A1　只1器

徽识 102

簋B1　爵B1　共B2　凡2器

徽识 103

鼎B1　只1器

徽识 104

甋B1　只1器

徽识 105

卣B1　爵B1　共B2　凡2器

徽识 106

瓠A1　只1器

徽识 107

鼎A1　甋B1　卣B3　瓠B1　觯A1

爵A3　共A5，B5　凡10器

徽识 108

觯A1　只1器

徽识 109　109a，b，c均为此之简形。此徽识异形甚多，据容庚
　　《金文编》所载，凡四十一形。

鼎B14　甋B4　鬲B2　彝B9　簋B2　尊B9　卣A1，B20

斝A1，B2　盉B3　瓠B7　觯A3，B6　爵A1，B8　角B4　匜B1

觥B1　铙B2　矛A1　共A7，B94　凡101器

徽识 109a

爵A1　只1器

徽识 109b

鼎B1　鬲B1　爵A1，B4　铙A3　戈A2

共A6，B6　凡12器

徽识 109c

爵B1　只1器

徽识 110

觯A1　只1器

徽识 111　此徽识异形甚多，据容庚《金文编》所载，凡廿一形。

鼎A1，B8　甗B1　彝A1，B2　簋B2　尊B3　卣A2，B6　斝B1

盉B1　觚A1，B3　觯B2　爵A1，B3　角B3　匜B2　戈A1

共A7，B37　凡44器

徽识 112

鼎A3，B1　彝B1　卣B1　觚B1　爵A1，B1

共A4，B5　凡9器

徽识 113

鼎B1　只1器

徽识 114

彝B4　簋B1　尊B1　觯B1　共B7　凡7器

徽识 115

爵A1　只1器

徽识 116

爵B1　只1器

徽识 117

爵A1　只1器

徽识 118

爵A1　只1器

徽识 119

爵A1　只1器

徽识 120

尊A2　觚B1　爵A4　共A6，B1　凡7器

徽识 121

爵A1　只1器

徽识 122

鼎B1　爵A2　共A2，B1　凡3器

徽识 123

斝A1　觚A1　爵A8　共A10　凡10器

徽识 124

尊B1　只1器

徽识 125

卣B1　只1器

徽识 126

鼎A1　彝A2　共A3　凡3器

徽识 127

彝A3　觯A1　爵A2　共A6　凡6器

徽识 128

盘B1　只1器

徽识 129

鼎A1　只1器

徽识 130

觯B1　只1器

徽识 131

鼎A2　鉴A1　共A3　凡3器

徽识 132

卣B1　只1器

徽识 133

爵B2　凡2器

徽识 134

爵B1　只1器

徽识 135

豆B1　只1器

徽识 136

尊B1　觯B1　爵B3　甗B1　鼎B1　共B7　凡7器

徽识 137

鼎B1　瓿A1　共A1，B1　凡2器

徽识 138

卣B1　瓿A1　共A1，B1　凡2器

徽识 139

鼎B1　瓿B1　觯A1　戈A2　共A3，B2　凡5器

徽识 140

瓿A1　只1器

徽识 141

鼎B1　只1器

徽识 142

爵A2　瓿A1　共A3　凡3器

徽识 143

爵A1　只1器

徽识 144

尊A1　只1器

徽识 145

爵A1　只1器

徽识 146

瓿B2　凡2器

徽识 147

鼎B1　只1器

徽识 148

爵A1　只1器

徽识 149

爵A1，B1　凡2器

徽识 150

尊A2　觚A1　觯A1　共A4　凡4器

徽识 151

彝A1，B1　尊B1　觚A1　共A2，B2　凡4器

徽识 151a　为151之异形。

鼎B1　尊B1　共B2　凡2器

徽识 152

鼎A1，B1　彝A3　尊B1　爵A2，B1　戈A1　共A7，B3　凡10器

徽识 152a　为152之异形。

戈A1　只1器

徽识 153

爵A1　铙A1　共A2　凡2器

徽识 154

鼎A1　只1器

徽识 155　别有一异形作 ⊁ 。

卣B2　罍A1　觯A1　爵A3　盘B1　戈A1　共A6，B3　凡9器

徽识 156　此徽识之手形（即"又"字），或在左，或在右。

鼎A6，B2　彝A2　尊A6　卣A1，B1　觚A7，B1　觯B3

爵A2，B1　农器A1　戈A1　共A26，B8　凡34器

徽识 157

觚A1　戈A1　共A2　凡2器

徽识 158

爵A1　只1器

徽识 159

　鼎A1　只1器

徽识 160

　彝A1　觚A1，B1　觯B3　爵A2，B3　共A4，B7　凡11器

徽识 161

　彝A1　只1器

徽识 162

　卣B2　凡2器

徽识 163

　爵B1　只1器

徽识 164

　壶A1　铙A3　共A4　凡4器

徽识 165

　觯A1　只1器

徽识 166

　彝A1　卣A1　觯A1　爵B1　共A3，B1　凡4器

徽识 167

　爵B1　只1器

徽识 168

　斝B1　觯B1　共B2　凡2器

徽识 169

　卣A1　只1器

徽识 170

　卣A1　爵A1　共A2　凡2器

徽识 171

　尊A1　卣B1　觯B1　爵A1　铙A1

共A3，B2　凡5器

徽识 172

觚A1　爵A1，B1　共A2，B1　凡3器

徽识 173

觚A1　爵A1　共A2　凡2器

徽识 174

铙A3　凡3器

徽识 175

尊B1　觯B1　共B2　凡2器

徽识 176

觚A1　只1器

徽识 177

觯B1　爵B3　匜B2　共B6　凡6器

徽识 178

爵A1　只1器

徽识 179

卣B1　只1器

徽识 180

彝B1　卣B1　共B2　凡2器

徽识 181

爵A1　只1器

徽识 182

爵A1　只1器

徽识 183

彝B1　觚A1　觯B2　共A1，B3　凡4器

徽识 184

觚B1　只1器

徽识 185

爵B1　只1器

徽识 186

卣B2　角B1　共B3　凡3器

徽识 187

彝A1　只1器

徽识 188

爵A1　只1器

徽识 189

爵A2　凡2器

徽识 190

簋A3　凡3器

徽识 191

鼎B1　只1器

徽识 192

鼎B1　卣B1　共B2　凡2器

徽识 193

戈A1　只1器

徽识 194

觚B1　只1器

徽识 195

鼎A2　彝A1　卣B1　觯B1　爵A2，B1

共A5，B3　凡8器

徽识 196

鼎A1　只1器

徽识 197

　　尊B1　只1器

徽识 198

　　爵A1　只1器

徽识 199

　　爵A1　只1器

徽识 200

　　鼎A1　卣B1　共A1，B1　凡2器

徽识 201

　　卣B1　只1器

徽识 202

　　觚A2　凡2器

徽识 203

　　觚A1　只1器

徽识 204　此徽识 之豕形，或作仰卧状。

　　爵A2，B2　鼎B1　共A2，B3　凡5器

徽识 205

　　觯A1　只1器

徽识 206

　　觚A1　爵A1　共A2　凡2器

徽识 207

　　觯B1　只1器

徽识 208

　　爵B1　只1器

徽识 209

　　爵A1　只1器

徽识 210

　　爵A1　只1器

徽识 211

　　爵A1　只1器

徽识 212

　　鼎A1，B1　彝A1　觚A1　爵A1　锜A1　共A5，B1　凡6器

徽识 213

　　爵B1　只1器

徽识 214

　　尊B1　只1器

徽识 215

　　觚B1　爵A1　共A1，B1　凡2器

徽识 216

　　鼎A2　觯B1　爵B3　共A2，B4　凡6器

徽识 217　疑为216之异形。

　　鬲A1　卣A1　觯B1　共A2，B1　凡3器

徽识 218　疑为216之异形。

　　鼎B2　彝B1　尊B1　卣B1　觚B1　爵A1，B1　共A1，B7　凡8器

徽识 219

　　鼎A2　凡2器

徽识 220

　　爵B1　只1器

徽识 221

　　鼎B1　只1器

徽识 222

　　鼎B1　只1器

徽识 223

　鼎B1　只1器

徽识 223a　223之异形。

　爵B1　只1器

徽识 224

　瓠A1　只1器

徽识 225

　卣B2　瓠B1　共B3　凡3器

徽识 226

　鼎B1　只1器

徽识 227

　斝A1　只1器

徽识 228

　尊B1　只1器

徽识 229

　彝A1　尊B1　罍A1　共A2，B1　凡3器

徽识 230

　卣B1　只1器

徽识 231

　尊B1　只1器

徽识 232

　簋B1　只1器

徽识 233

　鼎A2　凡2器

徽识 234

　爵A1　只1器

徽识 235

　爵B1　只1器

徽识 236

　觯A1　只1器

徽识 237

　彝A1　爵A1　共A2　凡2器

徽识 238

　爵A1　觚B1　共A1，B1　凡2器

徽识 239

　爵A1　只1器

徽识 240

　觚A1　只1器

徽识 241

　卣B1　只1器

徽识 242　彝、簋、卣三器图形略异。

　爵B1　彝B1　簋B1　卣B1　共B4　凡4器

徽识 243

　觯B1　只1器

徽识 244

　爵B1　只1器

徽识 245

　甗B1　爵B1　共B2　凡2器

徽识 246

　觯B2　凡2器

徽识 247　卣之图形略异。

　爵B1　卣B1　共B2　凡2器

徽识 248

　　彝B1　只1器

徽识 249

　　觯B1　只1器

徽识 250　　此徽识异形甚多。

　　鼎A2，B7　鬲A1　彝A1，B1　尊B3　壶B1　卣B3　觚A2，B1

　　爵A9，B3　盘A1，B1　铙B3　共A16，B23　凡39器

徽识 251

　　爵B1　只1器

徽识 252

　　彝A1　卣A2　共A3　凡3器

徽识 253　　一鼎图形，背上无四点。

　　鼎B2　觯B1　共B3　凡3器

徽识 254

　　鼎B1　觚B1　共B2　凡2器

徽识 255

　　卣B1　爵A1　共A1，B1　凡2器

徽识 256

　　卣A1　觯A1　爵A2，B1　戈A1　共A5，B1　凡6器

徽识 257

　　卣A2　凡2器

徽识 258

　　角A1　只1器

徽识 259

　　鼎A1　斝A1　觚A1　爵A5　戈A1　斧A1　共A10　凡10器

徽识 260

簋B2　觯B1　共B3　凡3器

徽识 261

鼎A1　只1器

徽识 262

彝A1　只1器

徽识 263

尊A1，B1　卣A2　爵B4　戈A1　共A4，B5　凡9器

徽识 264

鼎A1，B6　彝A1　尊A1，B1　罍A1　爵A3，B2　盘B1　共A7，B10　凡17器

徽识 265

鼎B1　尊B1　壶B1　卣B1　斝B1　盉B1　觯B1　爵B3　共B10　凡10器

徽识 266

爵B1　只1器

徽识 267

鼎B1　斝A1　觯B2　共A1，B3　凡4器

徽识 268

爵B1　只1器

徽识 269

卣B1　只1器

徽识 270

爵B1　只1器

徽识 271

爵A1，B2　凡3器

徽识 272

鼎A1，B2　凡3器

徽识 273

彝B1　盍B1　共B2　凡2器

徽识 274

鼎B1　爵A1　共A1，B1　凡2器

徽识 275

尊B1　彝B1　共B2　凡2器

徽识 276

鼎B1　彝B3　觯B2　爵A1，B4　匜B1　共A1，B11　凡12器

徽识 277

觯B1　爵B1　共B2　凡2器

徽识 278

爵A1　只1器

徽识 279

彝A1　只1器

徽识 280

爵B1　只1器

徽识 281

爵B1　只1器

徽识 282

爵B1　只1器

徽识 283

觯B1　只1器

徽识 284

爵A1　只1器

徽识 285

曇B1　只1器
徽识 286

壶B1　只1器
徽识 287

簋A1　只1器
徽识 288

卣A1　只1器
徽识 289

卣A1　只1器
徽识 290

卣A1　只1器
徽识 291

卣B2　凡2器
徽识 292

尊B1　只1器
徽识 293

鼎A1　只1器
徽识 294

彝B1　爵B2　共B3　凡3器
徽识 295　或为294之异形。

鼎A1　卣B1　共A1，B1　凡2器
徽识 296

爵B1　只1器
徽识 297

觚A1　爵B1　共A1，B1　凡2器
徽识 298

戈A1　只1器

徽识 299

彝A1　只1器

徽识 300

鼎B1　簋B1　尊B1　觯B1　爵B2　共B6　凡6器

徽识 301

卣B1　只1器

徽识 302

觚A1　只1器

徽识 303

爵B1　只1器

徽识 304

爵B1　只1器

徽识 305

卣B2　凡2器

徽识 306

尊B1　只1器

徽识 307

鼎B1　只1器

徽识 308

卣B1　只1器

徽识 309

鼎B1　彝A2　尊B2　斝B1　觯B1　爵B2　共A2，B7　凡9器

徽识 310

刀A1　只1器

徽识 311

爵B1　只1器

徽识 312

爵A1　只1器

徽识 313

觯B1　只1器

徽识 314

尊A1　只1器

徽识 315

鼎A1　只1器

徽识 316

勺A1　只1器

徽识 317

爵A1　只1器

徽识 318

鼎B1　卣B2　瓿A1　共A1，B3　凡4器

徽识 319

鼎A2，B3　甗A1　彝A1，B3　尊A1，B1　觯A3，B1　爵A3
戈A3，B1　共A14，B9　凡23器

徽识 320　或为319之异形。

鼎A4，B10　彝A3，B4　簋B2　尊A4，B2　罍A1　卣A2，B2
盉B3　瓿A1，B3　觯A6，B6　爵B10　匜B1　共A21，B43
凡64器

徽识 321

爵B1　只1器

徽识 322

鼎A1　彝B1　觯B3　共A1，B4　凡5器

徽识 323

　　鼎B1　爵A1　共A1，B1　凡2器

徽识 324

　　鼎A1　卣A2　共A3　凡3器

徽识 325

　　爵A1　只1器

徽识 326

　　爵A2　凡2器

徽识 327

　　鼎B1　卣B1　觯B1　共B3　凡3器

徽识 328

　　觯B1　爵B1　戈A1　共A1，B2　凡3器

徽识 329

　　彝A1　只1器

徽识 330

　　爵A1　戈A1　共A2　凡2器

徽识 331

　　瓶A1　戈A4　车銮A2　共A7　凡7器

徽识 332

　　戈A2　凡2器

徽识 333

　　爵A2　凡2器

徽识 334

　　爵A1　只1器

徽识 335

　　簋A1　只1器

徽识 336

壶A1 斝A1 觚A1，B1 觯B1 爵B1 共A3，B3 凡6器

徽识 337

爵A1 铙A1 共A2 凡2器

徽识 338

爵A1 只1器

徽识 339

觚A1 爵A1 共A2 凡2器

徽识 340

戈A2 凡2器

徽识 341

鼎B1 鬲B1 彝A1 尊A1 卣A1，B1 觚A1，B2 觯A1

爵A3，B1 共A8，B6 凡14器

徽识 342

鼎B1 彝B2 簋B2 共B5 凡5器

徽识 343

爵A2 凡2器

徽识 344

鼎B1 只1器

徽识 345

簋A1 只1器

徽识 346

爵B2 铙A1 共A1，B2 凡3器

徽识 347

鼎A1 壶B1 共A1，B1 凡2器

徽识 348

鼎A1　甗B1　壶B1　盉B1　爵B1　共A1，B4　凡5器

徽识 349

壶A1　只1器

徽识 350

铙A1　只1器

徽识 351

觚A1　只1器

徽识 352

鼎B1　戈A1　共A1，B1　凡2器

徽识 353

觚A1　只1器

徽识 354

爵A1　只1器

徽识 355

爵A1　只1器

徽识 356

卣A1　只1器

徽识 357

觯B1　爵A1　共A1，B1　凡2器

徽识 358

卣B1　爵A1　共A1，B1　凡2器

徽识 359

鼎B1　卣B2　觚A1　共A1，B3　凡4器

徽识 360

觚B1　只1器

徽识 361

觚B1　只1器

徽识 362

鼎B1　只1器

徽识 363

爵A1　只1器

徽识 364

爵A1　只1器

徽识 365

觚A1　只1器

徽识 366

觯A1　只1器

徽识 367

鼎B1　只1器

徽识 368

鼎B2　爵B1　共B3　凡3器

徽识 369

觯B1　只1器

徽识 370

彝A1　只1器

徽识 371

鼎B2　凡2器

徽识 372

彝B1　只1器

徽识 373

彝B1　卣B2　共B3　凡3器

徽识 374

卣B1　只1器

徽识 375

盉B1　只1器

徽识 376

爵A2　凡2器

徽识 377

彝B1　只1器

徽识 378

鼎A1　卣A1　觚A1　共A3　凡3器

徽识 379

爵A1　只1器

徽识 380

觚A1　只1器

徽识 381

尊B1　只1器

徽识 382

盉B1　只1器

徽识 383

卣B1　只1器

徽识 384

彝B3　尊B2　斝B1　觚B3　觯B1　爵B3　共B13　凡13器

徽识 385

觚B1　只1器

徽识 386

鼎B1　彝B1　罍B1　卣B2　爵A1，B2　戈A2　共A3，B7
凡10器

徽识 387

　鼎B1　只1器

徽识 388

　瓠A1　只1器

徽识 389

　尊B1　只1器

徽识 390

　瓠A1　觯B1　刀B1　共A1，B2　凡3器

徽识 391

　鼎A1　爵B1　共B2　凡2器

徽识 392

　鼎A1　瓠A2，B1　爵A2，B1　共A5，B2　凡7器

徽识 393

　瓠A1　只1器

徽识 394

　鼎A1　只1器

徽识 395

　鼎B3　彝B1　瓠B1　爵B2　共B7　凡7器

徽识 396

　瓠A1　只1器

徽识 397

　卣A1，B1　瓠A1，B1　共A2，B2　凡4器

徽识 398

　卣B1　只1器

徽识 399

　爵B1　只1器

徽识 400

　　爵B1　只1器

徽识 401

　　爵B1　只1器

徽识 402

　　彝B1　瓿A4，B1　爵A2　铙A3　戈A1　共A10，B2　凡12器

徽识 403　或为402之异形。

　　鼎B2　尊B1　觯B1　爵B1　共B5　凡5器

徽识 404

　　鼎B1　簋A1　共A1，B1　凡2器

徽识 405

　　瓿A1　戈A1　共A2　凡2器

徽识 406

　　爵A1　只1器

徽识 407

　　觯B1　只1器

徽识 408

　　甗B1　只1器

徽识 409

　　爵A1　只1器

徽识 410

　　卣A3　凡3器

徽识 411

　　彝B1　只1器

徽识 412

　　觯B1　爵B1　共B2　凡2器

徽识 413

　　觚A1　只1器

徽识 414

　　爵B1　只1器

徽识 415

　　卣B2　凡2器

徽识 416

　　爵B1　只1器

徽识 417

　　爵B1　只1器

徽识 418

　　爵B1　只1器

徽识 419

　　觯B1　只1器

徽识 420

　　爵B1　只1器

徽识 421

　　鬲A1　卣B1　共A1，B1　凡2器

徽识 422

　　彝A1　只1器

徽识 423

　　鼎A1　只1器

徽识 424

　　彝B2　觯A1　共A1，B2　凡3器

徽识 425

　　簋B1　卣B1　盉A1　爵B2　共A1，B4　凡5器

徽识 426

　瓡A1　只1器

徽识 427

　瓡B1　觯B1　爵B1　共B3　凡3器

徽识 428

　爵B1　只1器

徽识 429

　瓡B1　只1器

徽识 430

　瓡B1　只1器

徽识 431

　瓡B1　只1器

徽识 432

　彝A1　只1器

徽识 433

　觯A1　只1器

徽识 434

　觯B1　只1器

徽识 435

　爵B2　凡2器

徽识 436

　甗B1　鬲B1　卣B1　爵B2　共B5　凡5器

徽识 437

　觯B1　只1器

徽识 438

　彝B1　只1器

徽识 439

　　爵B1　只1器

徽识 440

　　鼎B2　彝B1　卣A1　觯A1　爵B1　共A2，B4　凡6器

徽识 441

　　觯B1　只1器

徽识 442　　上一画，或向左曲，或向右曲。

　　鼎A2，B2　甗A1　彝A1，B2　尊A1，B2　罍B1　盉A1

　　瓿A2，B1　觯B2　爵A4，B7　共A12，B17　凡29器

徽识 443

　　罍B1　只1器

徽识 444

　　鼎B1　彝B1　卣B1　瓿B1　爵A1，B2　共A1，B6　凡7器

徽识 445　　下节或向左，或向右。

　　觯B1　爵A2，B1　共A2，B2　凡4器

徽识 446

　　爵B1　只1器

徽识 447

　　尊B1　只1器

徽识 448

　　鼎A2　尊B1　爵A3　共A5，B1　凡6器

徽识 449

　　匜B1　戈A1　共A1，B1　凡2器

徽识 450

　　觯B1　只1器

徽识 451

　　觯B1　　只1器

徽识 452

　　觯B1　　只1器

徽识 453

　　鼎A1　卣B1　瓠B1　爵A1，B3　共A2，B5　凡7器

徽识 454　　此非"丙"字。

　　鼎B1　尊A1　壶A1　爵B2　共A2，B3　凡5器

徽识 455

　　卣B2　　凡2器

徽识 456

　　鼎A2，B3　甗B1　彝A2，B5　簋A2　尊A3，B2　壶B1

　　卣A3，B7　盉B1　瓠B2　觯B4　爵A5，B8　共A17，B34

　　凡51器

徽识 457

　　爵A1　　只1器

徽识 458

　　鼎A1　　只1器

徽识 459

　　卣A1　　只1器

徽识 460

　　尊A1　　只1器

徽识 461

　　卣A1　　只1器

徽识 462

　　卣A2　　凡2器

徽识 463

戈A1　只1器

徽识 464

爵B1　只1器

徽识 465

瓠A1　只1器

徽识 466

壶A1　爵A1　共A2　凡2器

徽识 467

鼎A6，B9　甗B2　彝A3，B5　簋B2　尊A1，B5　罍A2

卣A1，B1　斝A1，B2　盉A2，B1　瓠B2　觯A1，B7

爵A4，B25　盘B2　觚B1　共A21，B64　凡85器

徽识 468　469，470，471或均为此之异形。

卣A2　凡2器

徽识 469

觯B2　凡2器

徽识 470

鼎A1　卣B1　共A1，B1　凡2器

徽识 471

鬲B1　彝B1　簋B1　尊B1　共B4　凡4器

徽识 472

卣A1　瓠A2　爵A2　共A5　凡5器

徽识 473

卣B1　只1器

徽识 474

鼎A2，B2　彝B1　觯B1　爵B6　共A2，B10　凡12器

徽识 475　475a，b，c，d，e均为此之异形。

鼎A4　彝A1　尊A4　罍A1　壶A2　瓠A4　觯B1　爵A7

盘A1　铙A1　斧A1　杂器A2　共A28，B1　凡29器

徽识 475a

豆A2　斝A1　铃A2　农器A2　共A7　凡7器

徽识 475b

鼎B1　斝B1　爵B2　共B4　凡4器

徽识 475c　　"亚"形内"己其侯"三字，或省去"己侯"二字，或
省去"己"字，或省去"侯"字。

彝B2　簋B2　尊B4　卣A1，B4　盉B1　共A1，B13　凡14器

徽识 475d

瓠A1　觯A1　共A2　凡2器

徽识 475e

觯B1　爵A1　共A1，B1　凡2器

徽识 476

瓿A1　只1器

徽识 477

鼎A1　尊B1　共A1，B1　凡2器

徽识 478

卣A2　爵A2　勺A1　共A5　凡5器

徽识 479

壶A1　只1器

徽识 480

戈B1　只1器

徽识 481　此徽识 异形甚多，据《金文编》所载，凡31形。

鼎A7，B6　甗B1　彝A6，B2　簋A1，B1　尊A4，B4　罍A1，B3

壶A1　卣A6，B2　盉A1，B2　瓠B1　觯A1　爵A3，B1　匜B2

　　铙A2　觚B1　矛A4　共A37，B26　凡63器

徽识 482

　　鼎B1　只1器

徽识 483　有省去"亚"形者。

　　爵B2　卣B1　共B3　凡3器

徽识 484

　　彝B1　只1器

徽识 485

　　鼎B1　甗B1　觚B1　觯B1　共B4　凡4器

徽识 486

　　彝A1　只1器

徽识 487

　　彝A1　只1器

徽识 488

　　鼎B1　甗B1　卣A1　觯B1　共A1，B3　凡4器

徽识 489

　　觚B1　只1器

徽识 490　"弛弓"形有时在"亚"形之内。

　　鼎A4　彝A1，B1　尊A1　壶A1　斝B1　爵A1，B2　共A8，B4

　　凡12器

徽识 491

　　铙A1　只1器

徽识 492

　　壶B1　只1器

徽识 493

　　鼎A1　只1器

徽识 494

鼎B1　觚B1　共B2　凡2器

徽识 495

尊A1　只1器

徽识 496

爵B1　只1器

徽识 497

爵B1　只1器

徽识 498

鼎B2　凡2器

徽识 499

觚B1　觯A1　爵A1，B1　共A2，B2　凡4器

徽识 500

戈A6　凡6器

徽识 501

彝B1　尊B1　共B2　凡2器

徽识 502

鼎A1　只1器

徽识 503

角A2　铙A1　共A3　凡3器

徽识 504

鼎A2　尊A1　共A3　凡3器

徽识 505

鼎A2　凡2器

徽识 506

鼎A1，B1　卣B1　共A1，B2　凡3器

徽识 507

　鼎A1　爵B1　共A1，B1　凡2器

徽识 508

　鬲A1　尊A1　共A2　凡2器

徽识 509

　鼎B1　卣B1　共B2　凡2器

徽识 510

　鼎A2　甗A1　彝A1　尊A1　卣A2　斝A1　觚A2　爵A2

　共A12　凡12器

徽识 511

　尊A1　卣A2　共A3　凡3器

徽识 512

　爵A1　只1器

徽识 513

　鼎A1　只1器

徽识 514

　斝A1　只1器

徽识 515

　彝B1　只1器

徽识 516

　卣B1　爵A1　角B1　共A1，B2　凡3器

徽识 517

　卣A1　只1器

徽识 518

　簋B1　彝A1，B1　共A1，B2　凡3器

徽识 519

鼎A1　卣A1，B2　共A2，B2　凡4器

徽识 520

尊B1　只1器

徽识 521

鼎B1　彝B1　觯B1　爵A1　共A1，B3　凡4器

徽识 522

卣A1　只1器

徽识 523　523a，b，c均为此之异形。

鼎B1　角B1　共B2　凡2器

徽识 523a

卣B1　只1器

徽识 523b

角B1　只1器

徽识 523c

卣B1　只1器

徽识 524

觯B1　只1器

徽识 525

爵B1　只1器

徽识 526

爵B1　只1器

徽识 527

觯A1　只1器

徽识 528　此与529及32，33均属一家，因臣辰一名，见于带此四种徽识之器上。

鼎B1　甗B2　簋B2　爵A1　共A1，B5　凡6器

徽识 529

　　壶B2　盉B2　共B4　凡4器

徽识 530

　　鼎B1　尊B1　共B2　凡2器

徽识 531

　　彝B1　只1器

徽识 532

　　鼎A1，B1　彝B2　卣A1　共A2，B3　凡5器

徽识 533

　　彝B1　只1器

徽识 534

　　彝B1　只1器

徽识 535

　　盘B1　只1器

徽识 536　此与294，295当为一家之徽识。

　　鼎B1　壶B1　觚B1　觯B1　爵B2　共B6　凡6器

徽识 537

　　鼎B1　只1器

徽识 538

　　爵B1　只1器

又器上徽识，有由图一～538图形中之数形合成者，兹举之于下。

徽识 3+253

　　盉A1　只1器

徽识 3+324

　　爵A1　只1器

徽识 3+454

爵A1　只1器

徽识 7+21

爵A1　只1器

徽识 7+386

斝A1　只1器

徽识 9+325

爵A2　凡2器

徽识 21+24

爵A1　只1器

徽识 21+152

鼎A1　觚A1　共A2　凡2器

徽识 21+195

鼎B1　只1器

徽识 21+325

爵A1　只1器

徽识 21+334

觚B1　只1器

徽识 24+243+386+390

卣B1　只1器

徽识 61+263

尊B1　只1器

徽识 73+417

爵A1　只1器

徽识 83+271

鼎A1，B3　卣B1　觚A1　共A2，B4　凡6器

徽识 83+467

戈A1　只1器

徽识 94+320

爵A1　只1器

徽识 94+320+516

彝B1　只1器

徽识 136+21+327+352

壶A1　只1器

徽识 146+163

爵A1　只1器

徽识 152+327

爵B2　凡2器

徽识 171+283

尊B1　只1器

徽识 177+241

爵B1　只1器

徽识 183+516

爵B1　只1器

徽识 197+231

爵A1　只1器

徽识 201+384+326

觯B1　只1器

徽识 264+334

觯B1　只1器

徽识 265+319

彝A1　觯B1　卣B1　共A1，B2　凡3器

徽识 265+384

卣A1　只1器

徽识 291+395

彝A1　只1器

徽识 295+516

角A1　只1器

徽识 319+333

爵B1　只1器

徽识 319+455

甂A1　只1器

徽识 320+333

鼎A1　彝A1　卣B1　共A2，B1　凡3器

徽识 322+352

甂B1　只1器

徽识 347+390

瓿A1　只1器

徽识 348+516

尊B1　匜B1　共B2　凡2器

徽识 386+390

彝B2　罍A1　觯A1，B1　共A2，B3　凡5器

徽识 395+454+516

卣B1　只1器

徽识 436+516

鼎B1　只1器

徽识 454+467

卣A1　只1器

徽识 467+521

匜A1　只1器

徽识 474+3

觯B1　只1器

徽识 474+72

鼎B1　簋B1　觯B1　爵B1　匜A1　共A1，B4　凡5器

徽识 474+80

觯A1　只1器

徽识 474+83

瓿B1　只1器

徽识 474+109

尊B1　只1器

徽识 474+109c

觯A1　只1器

徽识 474+136

鼎B1　只1器

徽识 474+148

爵A2　凡2器

徽识 474+153　.

彝A1　只1器

徽识 474+183

尊A1　只1器

徽识 474+300

爵A1　只1器

徽识 474+319

彝B1　爵A1，B1　共A1，B2　凡3器

徽识 474+390

鼎A2　彝A1　觚A1　共A4　凡4器

21、474两种图形，与他形相合而成徽识者特多。除上所举外，其所与合之形不见于图一者，概名之为x。

徽识 21+x

鼎A5，B2　彝A3　卣A4，B2　盉A2　觚A1　觯B2

爵A11，B2　盘A1　共A27，B8　凡35器

徽识 474+x

鼎A10，B7　甗B2　彝A1，B5　尊A3，B7　罍B1　壶A1

卣A1，B8　盉A1，B4　觚A3，B3　觯A4，B6　爵A2，B2

角A2，B2　盘B1　戈A1　共A29，B48　凡77器

以上徽识近600，合计在器上所见次数，不带文字者（即A类）共915次，带文字者（即B类）共1167次，总和共2082次。

据以上所列及统计，可得结论如下。

（一）徽识兼文字之器，较单有徽识不带文字之器为多，知当徽识盛行时，文字亦已流行（虽徽识之起源不必与文字同时，或较文字为早）。但所带文字，多为简单之人名器名，长篇纪事文甚少。

（二）带徽识之器，有鼎、甗、鬲、彝、簋、豆、尊、罍、壶、卣、斝、盉、觚、觯、爵、角、觥、瓿、勺、盘、匜、鉴、锜、铙、铃、车銮、马銮、戈、矛、刀、斧、农器等30余类。有时一种徽识见于十余类器上（如徽识109、111、320、467、475、481）。由是可知徽识与器之形制无关，非某种徽识必在某类器上。

（三）以上所举近600种徽识，其见于器上只一次者固甚多，而有数十见或百余见者（如徽识21、109、111、156、250、320、467、475、481），此示族徽之意义。推而论之，则最常见之徽识，当为最大之一族，故其铸器特多。

以上结论，是根据《三代吉金文存》一书分析统计而得。是书搜

罗宏富，其材料来自不同之地，得于不同之时，足代表古代器铭之各方面。据之以为论断，虽不敢谓绝对正确，然距事实当亦不至甚远也。

关于徽识之时代问题，殊难断言。徽识之起源果在何时，今日尚不可知。至其流行，则直至西周末叶或更后。计带徽识之器，足据其铭辞断定为周代物者，至少有28器，兹列举其名于下（此等器铭辞，多为纪事文，其文在百名以上者，于后注明之）。

徽识 109	旗鼎	《三》4：3	
徽识 109	员鼎	《两》又14	
徽识 111	献侯鼎	《两》15	
徽识 136	沫司土簋	B.M.1937	
徽识 156	薛侯鼎	《攈》2/1：32	
徽识 436	厚趠甗	《两》11	
徽识 442	睘尊	《三》11：33	
徽识 444	鬲从盨	《两》116	铭文在百名以上，周厉王时器。
徽识 529	臣辰盉	《两》15	
徽识 529	臣辰卣	《两》16	
徽识 529	臣辰尊	《两》16	
徽识 539	矢令簋	《两》2	铭文在百名以上。
徽识 539	矢令彝	《两》2、3	铭文在百名以上。
徽识 539	矢令尊	《两》3	铭文在百名以上。
徽识 539	作册大甗	《两》17	
徽识 539	作册大鼎	《两》17	
徽识 540	鼄卣	《两》4	
徽识 541	旅鼎	《两》12	
徽识 542	盂卣	《两》24	
徽识 543	狱簋	《两》26	

徽识 544	周宅匜	《三》17：30	
徽识 545	周孚卣	《三》13：40	
徽识 545	周靴生簋	《三》7：48	
徽识 546	周爹壶	《三》12：20	
徽识 546	格伯簋	《两》64	西周中叶以后器
徽识 546	又	《两》64	西周中叶以后器
徽识 546	又	《两》65	西周中叶以后器
徽识 546	又	《两》66	西周中叶以后器

　　前所列带近600种徽识之2082器中，除极少数可据铭辞推定为殷器或周器者外，余皆不知时代之器。高本汉于其《中国铜器中之殷与周》一文中，谓凡带徽识109、467、474（即高氏文中所谓"析子孙"、"举"、"亚形"三种）之器，皆为殷器，周代绝对无之，列举百余器以为是说之根据，自以为确切不移之论。然事实上带此三种徽识之器，并非绝无属于周代者。高氏亦自认带徽识474之器，铭文有称匽侯者，带徽识109之器，铭文有称庚姬者。匽即燕，为周之侯国，姬则周王室之姓也。又旂鼎铭文曰："惟八月初吉，辰在乙卯，公锡旂仆，旂用作文父日乙宝障彝。"员鼎铭文曰："惟征月既望癸酉，王兽于昏蔽，王命员执犬，休善，用作父甲蕭彝。"二铭之末，皆有徽识109。"初吉"、"既望"，为周金文中常见之术语，则是二器皆周器也。仅据现存有限之材料，遽谓某种徽识只行于殷时，某种徽识只行于周时，其说终难免有失。然大致论之，诸带有徽识之器不能据铭辞以推定其时代者，与其谓之为周，不如谓之为殷，盖制铜艺术，殷时已臻绝境。安阳所出铜器，其纹饰之茂密，后世莫之能比，而大半无铭。其有铭者，亦多为徽识及简单之文字，长篇纪事文，几绝无之。周人尚文，开国之始，即有华美之铭辞，勒之鼎彝之上，大丰簋、矢令诸器，即其显例。而普通带徽识之器，多只有徽识，或加简单之文字，其作风较殷代为近。故推其

时代，亦以殷代之可能性为大。然此不过相对之推论，在新材料未发现以前，不能有何绝对之断语也。

第三章 铭文

本章体例，初自器铭本身以求器之时代，然后就能定时代诸器，以推知前后书体及辞例之变迁。再以此为据，而推证其他不知时代之器，因书体与辞例并重，故本章所取材料，以拓本铭文为主，近代摹写精确者，间附入焉。宋代著录以及清代官书如《西清古鉴》等所录之器铭，多摹刻失实，悉屏不取。又本章所引，多系彝器，兵器能确定其时代者，亦附一二。诸器铭凡见于郭沫若《两周金文辞大系图录》者，悉注明此书页数，以便检阅。其不见此书者，始引他书卷页。

殷周二代之器，能就铭文本身以确切或大概推定其时代者，不下161器。综合诸器而研究其书体辞例，所得结果，知两代铜器铭文，可分为三期。第一期为殷与周初，第二期为西周中叶至末年，第三期为周室东迁后至秦统一前。因此，本章所举器铭，分为三类。第一期器为甲类，又分为二种：殷器称甲一，周初器称甲二；第二期器为乙类；第三期器为丙类。兹分论之。

甲 第一期

铜器中能据铭文以推定其属于殷代者，至少六器，举之于下。

甲一1 后祖丁卣 《三》13：38

辛亥，王在麐，降命曰："归禋于我多高俅。"锡釐，用作后祖丁障。末有徽识456。

后祖丁为殷先王，见于卜辞。

甲一2 戊辰彝 《三》6：52

戊辰，弜师锡絴曺卣橐贝，用作父乙宝彝。在十月一，隹王廿祀，阳曰，遘于妣戊武乙爽，饒一。末有徽识107。

此殷武乙以后器。

甲一3　邑琴　《三》13：53

癸巳，王锡小臣邑贝十朋，用作母癸障彝。隹王六祀，肜日，在四月。末有徽识475b。

甲一4　馀尊　《三》11：34

丁巳，王省口且，王锡小臣馀口贝。隹王来正夷方。隹王十祀又五，肜日。

"锡贝"、"肜日"之语，常见于卜辞，系年月于篇末，尤属殷代之习。夷方为东夷，于殷末大为殷患，征夷方之事，卜辞中屡载之。

甲一5　般甗　《三》5：11

王且夷方，无攸，咸。王赏作册般贝，用作父己障。来册来册（末四字为徽识）。

此亦征夷方之器。

甲一6　乙亥鼎　《三》4：10

乙亥，……隹各赏贝，用作父丁彝。隹王正井方。末有徽识456。

井方在殷末甚强大，与殷为敌，征井方事，亦见于卜辞。周初之器，能确切或大概定其年代者，举之于下。

甲二1　大丰簋　《两》1

乙亥，王有大丰，王凡三方。王祀于天室降，天亡右王。衣祀于王丕显考文王，事喜上帝，文王监在上。丕显王作相，丕肆王作庚，丕克三衣王祀，丁丑，王乡，大宜，王降亡劻爵复鐮。隹朕又庆，每扬王休于障簋。

此器称丕显考文王，为武王时所作无疑。"衣祀"、"又庆"之语，均见于卜辞，盖犹殷人旧习。是簋为周初重器，惜铭文似经剔损，不能藉窥周代第一朝书体之真面目。

甲二2 小臣单觯 《两》1

王后坒克商，在成臼。周公锡小臣单贝十朋，用作宝障彝。

郭沫若谓是器作于武王时，然克商之语，亦可用于周公平管蔡诛武庚之役。要之不出武成二代。

甲二3 沬司土簋 The Burlington Magazine，April，1937.

王朿伐商邑，征命康侯啚于卫，沬司土送罘啚，作厥考障彝。徽识136。

康侯即武王之弟康叔封，此周公平殷乱后封康叔于卫时所作也。

甲二4 沬伯尊 《三》11：31

徽识136。沬伯送作厥考宝旅障彝。

甲二4a 沬伯卣 《尊》2：14

铭文同甲二4。

甲二5 寏伯甗 《三》5：7

徽识136。寏伯司土地送作旅彝。

甲二6 送鼎 《三》3：5

徽识136。送作宝障彝。

以上四器（4~6）均为沬伯送所作，送即甲二3之沬司土二送也。

甲二7 康侯鼎 《三》3：3

康侯丰作宝障。

甲二8 甫鼎 《三》3：30

康侯在庆自，锡作册甫贝，用作宝彝。

上二器均与甲二3同时，康侯即康叔封。

甲二9 矢令簋 《两》2

隹王于伐楚伯，在炎。隹九月既死霸丁丑，作册矢令障俎于王姜，姜赏令贝十朋，臣十家，鬲百人。……令敢扬皇王休，丁公文报，……

用作丁公宝簋。……后人永宝。徽识539。

甲二10　矢令彝　《两》2、3

隹八月，辰在甲申，王命周公子明保尹三事四方，受卿事寮。丁亥，命矢告于周公宫。……隹十月月吉癸未，明公朝至于成周，……甲申，明公用牲于京宫，乙酉，用牲于康宫。……作册令敢扬明公尹厥休，用作父丁宝障彝。……徽识539。

甲二11　矢令尊　《两》3

铭文同10。

甲二12　龢卣　《两》4

　隹明保殷成周年，公锡作册龢鬯贝，龢扬公休，用作父乙宝障彝。徽识540。

甲二13　明公簋　《两》4

惟王命明公遣三族，伐东国，在䇂。鲁侯有国工，用作旅彝。

甲二14　禽簋　《两》4

王伐楚侯，周公谋禽祝，禽有敃祝。王锡金百孚，禽用作宝彝。

甲二15　禽鼎　《两》4

铭文同14。

甲二16　大祝禽鼎　《尊》1：24

大祝禽鼎。

甲二17　睘卣　《两》5

隹十又九年，王在斥。王姜命作册睘安夷伯，夷伯宾睘贝布。扬王姜休，用作文考癸宝障器。

甲二17a　睘尊　《三》11：33

在斥，尹命余作册睘安夷伯，夷伯赏用贝布，用作朕文考日癸旅宝。徽识442。

甲二18　趞尊　《两》5

隹十又三月辛卯，王在斥，锡趞采曰□，锡贝五朋，趞对王休，用作姞宝彝。

甲二19　趞卣　《两》5

铭文同18。

甲二20　寁鼎　《两》8

王命趞戜东反夷，寁肇从趞征，……用作宝障彝，子子孙其永宝。

甲二21　小臣谜簋　《两》9、10

叡东夷大反，伯懋父以殷八自征东夷。……小臣谜蔑历罘锡贝，用作宝障彝。

甲二22　卫簋　《两》11

五月初吉甲申，懋父赏御正卫马匹，自王，用作父戊宝障彝。

甲二23　小臣宅簋　《两》12

隹五月壬辰，同公在丰，命宅事伯懋父。伯锡小臣宅画戈九，锡金车，马两。扬公伯休，用作乙公障彝，子子孙永宝，其万年用鄉王出入。

甲二24　师旅鼎　《两》12

隹三月丁卯，师旅众仆不从王征于方，雷使厥友弘以告于伯懋父，……旅对厥概于障彝。

甲二25　旅鼎　《两》12

隹公大保来伐反夷年，在十又一月庚申，公在盠卣，公锡旅贝十朋，旅用作父障彝。徽识541。

甲二26　大保簋　《两》13

王伐录子耴，……王降征命于大保。……用兹彝对命。

甲二27　雪鼎　《两》14

隹王伐东夷，谦公命雪罘史旂曰：……雪用作餐公宝障鼎。

甲二28　厚趠齋　《两》又14

隹王来格于成周年，厚趠又馈于谦公。趠用作厥文考父辛宝障齋，其子子孙永宝。徽识436。

以上廿一器（9～28）为一组，人名事迹，互相连贯，兹条列其关系于下。

（1）9、10、11同为矢令所作之器。

（2）10、11、12均有明保之名，13有明公一名，明公即明保也。

（3）10、11、14、15均有周公之名，疑即武王之弟周公旦。

（4）9、14、15同载伐楚事。

（5）14、15、16同为禽所作之器。禽与周公同见，当即伯禽。

（6）9、17同有王姜之名。

（7）17、18同称王在斥，17、17a同为眔所作之器，亦称在斥，盖同时事。

（8）18、19、20均有趞之名。

（9）20、21同载伐东夷之事。

（10）21、22、23、24均有懋父之名。

（11）24、25同为旅所作之器。

（12）25、26同有大保之名，人保疑即召公奭。

（13）27亦载伐东夷事，与20、21同。

（14）27、28同有谦公之名。

以上廿一器，大概均作于成王之世。所谓伐楚、伐东夷、伐反夷者，即成王伐淮夷践奄之事也。矢令诸器，吴其昌[1]、唐兰[2]、刘节[3]等置之于昭王时，以其有康宫一名，谓为康王之庙。高本汉力信之，惟郭沫若不以为然[4]。郭氏谓若康宫、昭宫必为康王、昭王之庙，则金文中所

---

①　见《燕京学报》第九期。

②　见《武》93。

③　见《北平图书馆馆刊》第六卷第六号。

④　见《两释》8。

见之京宫、新宫、华宫、般宫、刺宫等，又何所指；虽智鼎有"王在周穆王大室"之言，知为穆王之庙，然此孤证，未足概定一切。按郭氏之说，实较吴等为胜。既知康王、昭王、穆王等均为生号而非死谥，又知宫非必为宗庙之称，亦可以称生人居处[1]。安知不先有康宫、昭宫等名，一王即位后，即以其所常居或其即位时所在之宫名为其尊号。此虽臆测，然非绝不可能，故今仍从郭氏之说，将矢令诸器，置之成王时。

甲二29 献侯鼎 《两》15

隹成王大奉在宗周，赏献侯𬍛贝，用作丁侯𨾤彝。徽识111。

此为成王时器无疑。

甲二30 作册大𬬱 《两》17

公束铸武王成王异鼎。隹四月既生霸己丑，公赏作册大白马。大扬皇天尹大保休，作祖丁宝𨾤彝。徽识539。

甲二31 又 《两》17

铭文同30。

此二器与矢令诸器同出于洛阳。作册大即矢令之子也[2]。称"铸武王成王异鼎"，则是器当作于康王之世。

甲二32 大盂鼎 《两》18

隹九月，王在宗周，命盂。王若曰："盂，……。"盂用对王休，用作祖南公宝鼎。隹王廿又三祀。

甲二33 小盂鼎 《两》19（此器董作宾、陈梦家二先生皆以为穆王时器，今仍从旧说）。

隹八月既望，辰在甲申，昧爽，……用牲啻周王、口王、成王……白宝𨾤彝。隹王廿又五祀。

---

[1] 庚嬴卣："隹王十月既望，辰在己丑，王逤于庚嬴宫。王蔑庚嬴历，锡贝十朋，又丹一柡。庚嬴对扬王休，用作厥文姑宝𨾤彝，其子子孙孙万年永宝用。"此生人居室称宫之证。

[2] 见《两释》33。

甲二34　盂爵　《两》24

隹王初奉于成周，王命盂宁邓伯，宾贝，用作父宝障彝。

甲二35　盂卣　《两》24

今公休盂邑束，贝十朋。盂对扬公休，用作父丁宝障彝。徽识542。

以上四器均盂所作。小盂鼎有"用牲畬周王、□王、成王"语，疑诸器为康王时物。

甲二36　史嗂彝　《两》22

乙亥，王赏毕公，乃锡史嗂贝十朋。嗂占于彝，其于之朝夕监。

甲二37　献彝　《两》23

隹九月既望庚寅，……十枻不忘献身在毕公家，受天子休。

郭沫若引《周本纪》"康王命作策毕公分居里，成东郊，作毕命"，谓是二器均为康王时物[①]，今从之。

上共39器，均作于西周初叶，以之与殷代六器相较，可知其异同。兹分为铭辞、书体二部而比较之。

一、铭辞

自殷至周，铭辞有显著之变化。

（一）辞句　"扬某某休"、"子子孙孙永宝"二语，常见于周器中，殷器中未见。

（二）纪年法　殷器纪年法，与甲骨文相似，铭文之首系日，篇末系年与月，例如甲一2、3、4。西周初叶纪年法有四：（1）沿用殷代旧习，仍系年于篇末，而且略加变易，置月日于篇首，例如甲二32、33。（2）系月日或单系日于篇首而不系年，此法最通行，例如甲二1、9、10、11、18、19、22、23、24、30、31、36、37。（3）单系年于篇首而不著月日，例如甲二12、17、28。此中有以事纪年之法，如"隹明保殷成周年"、"隹王来格

①　见《两释》45。

于成周年", 实开齐器称"某某立事岁"之风。（4）年月日均系于篇首, 如甲二25, 此器亦以事纪年。又"初吉"、"既生霸"、"既望"、"既死霸"四术语, 在周器中常见, 殷器中无有。

（三）篇幅 殷器铭文甚短, 常在50字以下, 周器则增长。武王时之大丰簋, 已达78字。成王时之矢令彝, 计185字。康王时之盂鼎, 至291字。铭文之长者, 皆文采焕然。古人谓殷尚质, 周尚文, 于此可见。

二、书体

殷及周初之书体, 几全然无别, 凡周初书所有之特点, 殷书皆有之, 二者显然为一系。

（一）用笔 所谓用笔者, 笔画之方圆、粗细、长短是也。殷及周初书之特点, 起笔收笔多尖锐, 转笔处多方折。此种用笔法, 书学中谓之方笔。至用笔之粗细、长短, 则不一定。如卫簋（甲二22）、大盂鼎（甲二32）用笔粗, 矕卣（甲二17）、小臣宅簋（甲二23）用笔细, 大保簋（甲二26）用笔长, 师旅鼎（甲二24）用笔短。

（二）结体 所谓结体者, 字之疏密、纵横、欹正是也。凡一字结构, 疏放者谓之疏, 紧缩者谓之密, 长放者谓之纵, 宽博者谓之横, 倾斜者谓之欹, 平正者谓之正。字之纵横欹正, 亦称为取势。殷及周初书, 结体之疏密欹正不一定。如禽簋（甲二14）结体疏, 矢令尊（甲二11）结体密, 大盂鼎（甲二32）取正势, 矢令簋（甲二9）微向左倾, 矕卣（甲二17）微向右倾。至于纵横, 则纵者多而横者少。以上所举殷周两代器中, 惟师旅鼎（甲二24）、大盂鼎（甲二32）略带横势。

（三）布白 白者, 字里行间之空处, 布白者, 行列之疏密整散也。殷及周初器, 布白之疏密不一定。如矢令簋疏, 彝及尊则密。整散者, 整齐与不整齐之谓。殷及周初器铭, 每一篇字大小不同, 即一字之偏旁, 大小亦常不相同, 如此相间杂配合, 故绝少有整齐之行列。此期器中, 惟大盂鼎布白较为整齐。

　　以下15器，自其铭辞，知为西周之物，而不能推定其绝对年代。但以书体观之，明属第一期，兹列举其名。

　　甲二38　　狀簋　　　　《两》26

　　甲二39　　过伯簋　　　《两》26

　　甲二40　　蠹簋　　　　《两》26

　　唐兰以狀簋有"从王南征伐楚荆"之语，过伯簋有"从王伐反荆"之语。蠹簋有"从王伐荆"之语，谓均昭王南征时器，引《左传》"昭王南征而不复"、《古本竹书纪年》"昭王十六年伐楚荆"二语为证[①]。然伐楚之事，早见于成王时器铭中。楚荆之名，不必后起，南征尤为常语，楚固在周室之南也。以书体而论，此三器与矢令诸器极似，而去昭王时之宗周钟绝远。

　　甲二41　　臣辰盉　　　《两》15

　　甲二42　　臣辰卣　　　《两》16

　　甲二43　　臣辰尊　　　《两》16

　　　　三器与矢令诸器同出土于洛阳，书体极相似，当系同时物。

　　甲二44　　周公簋　　　《两》20

　　甲二45　　征彝　　　　《三》6：37

　　甲二46　　征盘　　　　《贞补》上21

　　甲二47　　召公甗　　　《三》5：8

　　甲二48　　庚嬴卣　　　《两》21

　　甲二49　　沈子簋　　　《两》23

　　甲二50　　召卣　　　　《两》81

　　甲二51　　效卣　　　　《两》86

　　甲二52　　效觯　　　　《两》87

---

　　①　见《两释》54。

列国之器，书体属第一期者如下。

召	甲二53	龢爵	《奇》5：16
散	甲二54	散伯卣	《贞》8：24

以上二国在陕西①。

毛	甲二55	毛公鞶鼎	《三》4：12
邶	甲二56	北伯尊	《三》11：26
	甲二57	北伯卣	《贞》8：23
	甲二58	北子宋盘	《攈》2/1：53
雔	甲二59	雔伯鼎	《梦》上10
应	甲二60	应公簋	《愙》9：4
	甲二61	应公鼎	《攈》1/3：41
	甲二62	应公尊	《奇》5：7
	甲二63	应公壶	《贞》7：26
杞	甲二64	亳鼎	《三》4：2

以上五国在河南。

卫	甲二65	贤簋	《两》264
	甲二66	又	《两》265
	甲二67	又	《两》265

卫初在河南，后迁河北。

齐	甲二68	齐史觯	《贞续》中37
纪	甲二69	己侯貉子簋	《两》又234
	甲二70	貉子簋	《两》又234
	甲二71	貉子卣	《两》又234
薛	甲二72	薛侯鼎	《两》212

---

① 所谓在某处者，指其国都所在而言。

鲁	甲二73	鲁侯爵	《两》225

以上四国在山东。

燕	甲二74	匽侯鼎	《三》3：8
	甲二75	匽侯旨鼎	《两》266

燕在河北。

楚	甲二76	楚公为钟	《两》177
	甲二77	又	《两》178
	甲二78	又	《两》178
	甲二79	又	《两》178
	甲二80	又	《两》178
	甲二81	楚公鎡	《善吉》3：41

楚初在湖北，继迁河南，继迁安徽。

乙　第二期

西周中叶至末期之器，能确切或大概定其年代者，举之于下。

乙1　宗周钟　《两》25

王肇遹省文武，勤疆土。南国服子敢臽虐我土。王臺伐其至，戜伐厥都。服子乃遣间来迎昭王，南夷东夷具见，廿又六邦。佳皇上帝百神，保余小子，朕猷有成亡竞。我佳司配皇天王，对作宗周宝钟。仓仓匆匆，雄雄雝雝，用昭格丕显祖考先王。先王其严在上，翼翼嚴嚴，降余多福，福余顺孙，参寿佳琍。戜其万年，畯保四国。

此昭王南征时器。称"遹省文武"，称"作宗周宝钟"，为周昭王无疑[1]。

乙2　遹簋　《两》27

---

① 详《两释》51、52。

佳六月既生霸，穆穆王在蒡京，呼渔于大池。穆穆王亲锡遹韐。遹拜首稽首，敢对扬穆穆王休，用作文考父乙隣彝，其孙孙子子永宝。

此铭中穆王凡三见，"穆"字均有重文。高本汉因谓"穆穆"二字，乃形容词，非指周穆王①。然此处着形容词，于文法不顺。金文中重字，往往偶然加入，无甚意义，故此器仍以置于穆王时为是。

乙3　刺鼎　《两》31

佳五月，王在□，辰在丁卯，王禘，用牡于大室，禘昭王。……刺对扬王休，用作黄公隣鷲彝，其孙孙子子永宝用。

此称"禘昭王"，当作于昭王以后，大概在穆王之世。

乙4　趩曹鼎　《两》38

佳七年十月既生霸，王在周般宫。旦，王格大室，井伯入右趩曹立中廷，北鄉。……趩曹拜稽首，敢对扬天子休，用作宝鼎，用鄉朋友。

乙5　又　《两》39

佳十又五年五月既生霸壬午，龚王在周新宫。……趩曹拜稽首，敢对扬天子休，用作宝鼎，用鄉朋友。

郭沫若谓龚王即周恭王②，甚是。

乙6　师虎簋　《两》58

佳元年六月既望甲戌，王在杜居，格于大室。井伯入右师虎即位中廷，北鄉。王呼内史吴曰："册命虎。"……虎敢拜稽首，对扬天子丕显鲁休，用作朕剌考日庚隣簋，子子孙孙其永宝用。

此井伯与乙4之井伯，疑是一人。

乙7　吴彝　《两》58

佳二月初吉丁亥，王在周成大室。旦，王格庙，宰朏右作册吴入门

①　见《中》54。

②　见《两释》69。

立中廷，北郷。王呼史戊册命吴，……吴拜稽首，敢对扬王休，用作青
尹宝障彝，吴其世子孙永宝用。隹二王祀。

作册吴当即乙6之内史吴。作册即史官，名同官同。

乙8　豆闭簋　《两》60

隹王二月即生霸，辰在戊寅，王格于师戏大室。井伯入右豆闭，王
呼内史册命豆闭。……闭拜稽首，敢对扬天子丕显休命，用作朕文考釐
叔宝簋，用锡寿寿，万年永宝用于宗室。

乙9　师奎父鼎　《两》61

隹六月既生霸庚寅，王格于大室。司马井伯右师奎父，王呼内史妈
册命师奎父。……奎父拜稽首，对扬天子丕显鲁休，用追考于剌仲，用
作障鼎，用匄眉寿黄考吉康，师奎父其万年子子孙永宝用。

乙10　利鼎　《两》62

隹王九月丁亥，王格于般官，井伯入右利立中廷，北郷。王呼作
命内史册命利，……利拜稽首，对扬天子丕显皇休，用作朕文考鄦伯障
鼎，利其万年子孙永宝用。

上三器均有井伯之名，疑与乙4、乙6之井伯为一人。

乙11　匡卣　《两》67、68

隹四月初吉甲午，歌王在射卢，……匡拜稽首，对扬天子丕显休，
用作文考日□宝彝，其孙孙子子永宝用。

从郭氏说，以歌王为懿王①。

乙12　智鼎　《两》83

隹王元年六月既望乙亥，王在周穆王大□。□若曰：智，……。智
其万□用祀，子子孙孙其永宝。

隹王四月既生霸，辰在丁酉，井叔……。昔馑岁，匡罘厥臣廿夫寇

①　见《两释》82。

曶禾十秭。……

乙13 曶壶 《两》84

隹正月初吉丁亥，王格于成宫。井公入右曶，王呼尹氏册命曶。……曶拜稽首，敢对扬天子丕显鲁休命，用作朕文考釐公障壶。曶用匄万年眉寿，永命多福，子子孙孙其永宝用。

乙14 井叔钟 《两》72

郑井叔作霝龠钟，用妥宾。

乙15 井叔盨 《两》71

郑井叔康作旅盨，子子孙孙其永宝用。

乙16 康鼎 《两》71

隹三月初吉甲戌，王在康宫，燮伯入右康。……康拜稽首，敢对扬天子丕显休，用作朕文考釐伯宝障鼎，子子孙孙其万年永宝用。郑井。

乙17 趩觯 《两》85

隹三月初吉乙卯，王在周，格大室，咸。井叔入右趩，王呼内史册命趩，……趩拜稽首，扬王休对，趩蔑历，用作宝障彝，世孙子毋敢坠，永宝。隹王二祀。

乙18 免觯 《两》80

隹六月初吉，王在郑。丁亥，王格大室。井叔右免，王蔑免历，命史懋锡免……对扬王休，用作障彝，免其万年永宝用。

乙19 免簠 《两》79

隹十又二月初吉，王在周。昧爽，王格于大庙。井叔右免即命。王授作册尹书，俾册命免，……免对扬王休，用作障簠，免其万年永宝用。

乙20 免簋 《两》79

隹三月既生霸乙卯，王在周，命免作司土，……对扬王休，用作旅齍彝，免其万年永宝用。

乙21　免盘　《两》80

隹五月初吉，王在周，命作册内史锡免……用作盘盉，其万年宝用。

乙22　史免簠　《两》79

史免作旅匡，从王征行，用盛稻粱，其子子孙孙永宝用享。

乙23　卯簋　《两》73

隹王十又一月既生霸丁亥，荣季入右卯立中廷。荣伯呼命卯曰：……卯拜手稽首，敢对扬荣伯休，用作宝障簋，卯其万年子子孙孙永宝用。

乙24　同簋　《两》73

隹十又二月初吉丁丑，王在宗周，格于大庙。荣伯右同立中廷，北乡。王命同……对扬天子厥休，用作朕文考惠仲障宝簋，其万年子子孙孙永宝用。

乙25　史懋壶　《两》80

隹八月既死霸戊寅，王在旁京溼宫，亲命史懋路算，咸。王呼伊伯锡懋贝。懋拜稽首，对王休，用作父丁宝壶。

以上14器（12~25）为一组，以智、井叔、免、荣伯、史懋诸人名为之连系。兹将诸器之关系列举于下。

（1）12、13同为智所作之器。

（2）12、14、15、17、18、19均有井叔之名，亦称郑井叔，郑其采邑也。免觯（18）："王在郑，……井叔右免"，故知郑井叔与井叔为一人。

（3）15、16同为康所作之器，康乃井叔之名，故16末有郑井二字。

（4）18、19、20、21、22同为免所作之器。

（5）16、23、24同有荣伯之名。

（6）18、25同有史懋之名。

智鼎（12）有"王在周穆王大□"一语，知必作于穆王以后。又有匡一名，疑即匡卣（11）之匡。若然，则诸器当作于懿王时或去其时不远。

乙26　克钟　《两》93～95

隹十又六年九月初吉庚寅，王在周康剌宫。王呼士智召克。王亲命克遹泾东至于京𠂤，……克敢对扬天子休，用作朕皇祖考伯宝林钟，用匄纯嘏永命，克其万年子子孙孙永宝。

乙27　又　《两》95、96

铭文同26。

乙28　又　《两》96

铭文同26。

乙29　大克鼎　《两》110、111

克曰："穆穆朕文祖师华父……肆克龏保厥辟龏王，……。"

王在宗周，旦，王格穆庙，即位。䜌季右善夫克入门，立中廷，北乡。王呼尹氏册命善夫克。王若曰："克……。"克拜稽首，敢对扬天子丕显鲁休，用作朕文祖师华父宝𪔲彝，克其万年无疆，子子孙孙永宝用。

乙30　克盨　《两》112

隹十又八年十又二月初吉庚寅，王在周康穆宫。王命尹氏友史趞典善夫克田人。克拜稽首，敢对天子丕显鲁休扬，用作旅盨。隹用献于师尹、朋友、婚媾。克其用朝夕享于皇祖考，皇祖考其數數𢽾𢽾，降克多福，眉寿永命，畯臣天子。克其日锡休无疆，克其万年子子孙孙永宝用。

乙31　小克鼎　《两》113

隹王廿又三年九月，王在宗周，王命善夫克舍命于成周遹正八𠂤之年。克作朕皇祖釐季宝宗彝。克其日用𩁹朕辟鲁休，用匄康乐纯佑，眉寿永命霝终，万年无疆，克其子子孙孙永宝用。

乙32　又　《两》113

铭文同31。

乙33　又　《两》114

铭文同31。

乙34　又　《两》114

铭文同31。

乙35　又　《两》115

铭文同31。

乙36　又　《两》115

铭文同31。

乙37　又　《两》又115

铭文同31

乙38　鬲从盨　《两》116

佳王廿又五年七月既……厥右鬲从、善夫克。鬲从作朕皇祖丁公、文考惠公盨，其子子孙孙永宝用。徽识444。

乙39　鬲攸从鼎　《两》118

佳卅又二年三月初吉壬辰，王在周康宫𢓊大室。鬲从以攸卫牧告于王曰：……史南以即虢旅。虢旅乃使攸卫牧誓曰：……从作朕皇祖丁公、皇考惠公障鼎，鬲攸从其万年子子孙孙永宝用。

乙40　矢人盘　《两》127

用矢𤫽散邑，乃即散用田。……矢人有司……散人……攸从鬲……

乙41　虢叔旅钟　《两》118、119

虢叔旅曰：丕显皇考惠叔，穆穆秉元明德，……旅对天子鲁休扬，用作朕皇考惠叔大林龢钟。皇考严在上，异在下，𢽶𢽶叀叀，降旅多福，旅其万年子子孙孙永宝用享。

乙42　又　《两》119、120

铭文同41。

乙43　又　《两》120、121

铭文同41。

乙44　又　《两》121、122

铭文同41。

乙45　又　《两》123

铭文同41。

乙46　伊簋　《两》116

佳王廿又七年正月既望丁亥，王在周康宫。旦，王格穆大室，即位。醽季入右伊立中廷，北乡。王呼命尹封册命伊……伊拜手稽首，对扬天子休。伊用作朕丕显文祖皇考㥽叔宝鼜彝。伊其万年无疆，子子孙孙永宝用享。

以上廿一器（26～46）为一组，以克、鬲从、虢叔旅、醽季等人名为之连系。兹列举诸下关系于下。

（1）26～37同为克所作之器，38有善夫克之名。

（2）38、39同为鬲从所作之器，鬲从亦称鬲攸从或㤅从鬲，㤅从鬲之名见于40。

（3）39有虢旅一名，虢旅亦称虢叔旅，41～45同为虢叔旅所作之器。

（4）29、46同有醽季一名，职亦同，当是一人。

本组之器，从王国维说，定为厉王时物①。

乙47　圅皇父簋　《两》128

圅皇父作琱娟盘盉，……琱娟其万年子子孙孙永宝用。

乙48　圅皇父匜　《两》128

---

① 见《观堂集林》卷十八《散氏盘跋》、《克鼎跋》。

甬皇父作周娟匜，其子孙孙永宝用。

从王国维说，甬皇父即《小雅·十月》"皇父卿士"之皇父，厉王时人①。

乙49　毛公鼎　《两》131

王若曰，"父厝，……愍天疾畏，司余小子，弗彶邦庸，害吉，翩翩四方，大从不静。乌乎，趩余小子，家湛于囏，永巩先王。"……毛公厝对扬天子皇休，用作障鼎，子子孙孙永宝用。

此鼎为宣王时器，郭沫若有专文论之②。

乙50　召伯虎簋　《两》135

隹五年正月己丑，琱生又使召来合事，……召伯虎曰：……琱生则堇圭。

乙51　召伯虎簋　《两》135

隹六年四月甲子，王在旁。召伯虎告曰：……伯氏则报璧琱生。对扬朕宗君其休，用作朕烈祖召公尝簋，其万年子孙宝用，享于宗。

乙52　师嫠簋　《两》又137、138

师龢父段，嫠叔市玤告于王。隹十又一年九月初吉丁亥，王在周，格于大室，即位。宰琱生入右师嫠。……师嫠拜手稽首，敢对扬天子休，用作朕皇考辅伯障簋，嫠其万年子子孙孙永宝用。

乙53　又　《两》139、140

铭文同520。

乙54　师兑簋　《两》146

隹元年五月初吉甲寅，王在周，格康庙，即位。同仲右师兑入门，立中廷。王呼内史尹册命师兑足师龢父司左右走马，……兑拜稽首，敢

①　见《观堂集林》卷廿三《玉溪生诗年谱会笺序注》。

②　《金文丛考》卷二《毛公鼎之年代》。

对扬天子丕显鲁休，用作皇祖馘公鼎簋，师兑其万年子子孙永宝用。

乙55　又　《两》147

铭文同54。

乙56　又　《两》150、151

隹三年二月初吉丁亥，王在周，格大庙，即位。□伯右师兑入门，立中廷。王呼内史尹册命师兑。"余既命女足师龢父司左右走马，……"师兑拜稽首，敢对扬天子丕显鲁休，用作朕皇考釐公鼎簋，师兑其万年子子孙孙永宝用。

以上7器（50～56）为一组，以召伯虎、珊生、师龢父、师兑诸人名为之连系，其关系如下。

（1）50、51同为召伯虎所作之器。

（2）50、51、52、53均有珊生之名。

（3）52、53、54、55、56均有师龢父之名。

（4）54、55、56同为师兑所作之器。

召伯虎即召穆公，当厉王流于彘时免宣王于难者，后佐宣王，平淮夷，事具见《史记·周本纪》及《大雅·江汉》篇。本组诸器之作，当在宣王之世或相去不远。

乙57　无専鼎　《两》又143

隹九月既望甲戌，王格于周庙，□于图室，司徒南仲右无専入门，立中廷。王呼史啻册命无専曰：……无専敢对扬天子丕显鲁休，用作障鼎，用享于朕烈考，用割眉寿，万年子孙永宝用。

南仲为宣王时人，见《汉书·古今人表》。

乙58　虢季子白盘　《两》88（此器近人以为平王时器，今仍从旧说。）

隹十又二年正月初吉丁亥，虢季子白作宝盘。丕显子白，庸武于戎工，经缵四方。博伐猃狁，于洛之阳。折首五百，执讯五十，是以先行。趞趞子白，献馘于王。王孔加子白义，王格周庙宣廚，爰鄉。王曰："伯父，孔黹有光。王赐乘马，是用佐王。赐用弓，彤矢其央，赐用戉，用政蛮方。"子子孙孙，万年无疆。

乙59　兮甲盘　《两》134

隹五年三月既死霸庚寅，王初格伐狝狁于䂂䖒。兮甲从王，折首执讯，休，亡敃。王锡兮甲马四匹，驹车。王命兮甲政司成周四方积至于南淮夷。……兮伯吉父作盘，其眉寿万年无疆，子子孙孙永宝用。

乙60　不娶簋　《两》89

隹九月初吉戊申，伯氏曰："不娶驭方，狝狁广伐西俞，王命我羞追于西。余来归献禽，余命女御追于䂂。女以我车宕伐狝狁于高陵，女多折首执讯。……不娶拜稽首，休，用作朕皇祖公伯孟姬障簋。用匄多福，眉寿无疆，永纯霝终，子子孙孙其永宝用享。

乙61　噩侯鼎　《两》90

王南征，伐角䚛。惟还自征，在坏。噩侯驭方内豊于王，乃裸之。驭方酓王。……驭方拜手稽首，敢□□天子丕显休赘。□作障鼎，其万年子孙永宝用。

乙62　噩侯簋　《两》90

噩侯作王姞滕簋，王姞其万年子子孙永宝。

乙63　又　《两》90

铭文同62。

乙64　虢仲盨　《两》105

虢仲以王南征，伐南淮夷，在成周，作旅盨。兹盨友十又二。

乙64a　仲偁父鼎　《奇》16：20

隹王五月初吉丁亥，微伯边及仲偁父伐南淮夷，孚金，用作宝鼎，其万年子子孙孙永宝用。

乙65　无㠱簋　《两》107

佳十又三年正月初吉壬寅，王征南夷。王锡无㠱马四匹。无㠱拜手稽首，曰："敢对扬天子鲁休命。"无㠱用作朕皇祖釐季䵼簋，无㠱其万年子孙永宝用。

乙66　又　《两》108

铭文同65。

乙67　又　《两》109

铭文同65。

乙68　师寰簋　《两》135、136

王若曰："师寰，叡淮夷……今余肇命女逨……左右虎臣征淮夷，……"师寰虔不坠，夙夜邺厥将事，休，既有功，折首执讯……余用作朕后男鼄䵼簋，其万年子子孙孙永宝用享。

乙69　又　《两》136、137

铭文同68。

乙70　寰盘　《两》117

佳廿又八年五月既望庚寅，王在周康穆宫。旦，王格大室，即位。宰颥右寰入门，立中廷，北鄉。史囗受王命书，王呼史减册锡寰……寰拜稽首，敢对扬天子丕显段休命，用作朕皇考郑伯郑姬宝盘，寰其万年子子孙孙永宝用。

以上14器（58～70）为一组，其关系如下。

（1）58、59、60均记伐㹭狁事。

（2）60、61、62、63同为噩侯驭方所作之器，噩侯其爵，驭方其名。60中之不婪，及驭方之别名也。

（3）61、64、64a、65、66、67、68、69均记南征事。

（4）68、69、70同为寰所作之器。

诸铭所记伐㹭狁征淮夷事，与《诗》之《六月》、《采芑》、《江汉》诸篇合，文辞亦有相似者（如58）。故本组之器，大概作于宣王时。

乙71　虢文公子段鼎　《两》282

虢文公子段作叔妃鼎，其万年无疆，子子孙孙永宝用享。

乙72　又　《两》283

铭文同71。

据《史记·周本纪》，虢文公，宣王时人。此虽列国器，而时代确属西周，故附于此。

上共73器，均作于西周中叶到其末年。以之与周初之器相较，可知其异同。兹分为铭辞、书体二部而比较之。

一、铭辞

（一）辞句　周初器所常见之"扬某某休"、"子子孙孙永宝"二语，此期仍常用。此期辞句与周初器不同者，有以下数点。

（1）详记受命之礼。如称"某年某月某日，王在周，格于某处，某人右某入门，立中廷，北乡，王呼某人册命某……某拜稽首，敢对扬天子丕显鲁休"等等。此种套语，几成为受册命铭器之定式。

（2）好记器之专名，如"作障鼎"、"作障簋"、"作旅盨"、"作霝龠钟"等。周初器多只通言"作宝障彝"。

（3）好作颂祷语，如"黄考吉康"、"纯瑕永命"、"眉寿无疆"等。

（4）好用叠字形容词，如"仓仓匆匆"、"橐橐歔歔"等。

（5）韵文之成立。第一期器有韵者甚少[1]，至第二期最初之"宗周钟"（乙1），即为华美之韵文；虢季子白盘（乙58），直与《诗》之《江汉》、《采芑》诸篇无异。

（二）纪年法　本期纪年法，视第一期无大变更。

（1）系月日于篇首系年于篇末之制尚存，年仍称祀，如7，但此种

---

[1]　本章所举第一期器惟大丰簋似有韵。

图二 第一期与第二期书体用笔之比较

绝少。

（2）系月日于篇首而不系年之法仍盛行，如2、3、8、9、10、11、13、16、17、18、19、20、21、23、24、25、57、60、64a。

（3）单系年者在上所举器中不见，有系年兼系月者，如31、32、33、34、35、36、37。

（4）年月日均系于篇首者最多，如4、5、6、12、26、27、28、30、38、39、46、50、51、52、53、54、55、56、58、59、65、66、67、70。

记日之法，或单称"初吉"、"既生霸"、"既望"、"既死霸"，或于诸名之后加日名，如甲子、丁亥等。

（三）篇幅 篇幅更增长，如毛公鼎（乙49）达497字，曶鼎（乙12）达409字。

二、书体

（一）用笔 第二期书与第一期书最显著之分别，在于用笔。殷及周初书起笔收笔多尖锐，转笔处多方折，前已言之。西周中叶至末期之书，则起收转折处多圆润光匀，不露锋芒。此种用笔法，书学家谓之圆笔。兹举"王"、"公"、"父"、"休"、"宝"五字为例（图二），两期用笔之不同，皎然可见。

（二）结体　第二期书之结体，显然有两大派。一派取纵势，如毛公鼎（乙49）是；一派取横势，如矢令盘（乙40）是。

（三）布白　第二期书之布白，亦有整齐与不整齐两种。最不整齐者，如不婴簋（乙60）是；最整齐者至有阳文界格，如大克鼎（乙29）是。

西周中叶至末期之铜器铭文，犹如东汉之碑刻，面目最多。兹根据其用笔、结体、布白之不同，约略论之，分为11系。

（一）遹簋系（乙2）。虽为圆笔，而转折起收处，颇有方锐之意，观遹簋中之"王"字、"宝"字，可以知之。结体取纵势，布白有直行横列，然不甚整齐。属于此系者，有以下三器：乙1、3、25。

（二）趞曹鼎系（乙4）。纯用圆笔，结体略带纵势，布白不整齐。属于此系者有以下15器：乙5、8、10、11、15、16、24、38、39、46、52、53、55、56、57。

（三）师虎簋系（乙6）。用笔圆而细，结体谨饬，取纵势，字颇长，布白颇整齐。属于此系者有以下14器：乙7、9、13、14、17、18、19、21、22、30、54、65、66、67。

（四）曶鼎系（乙12）。用笔圆而粗，结体密，略带纵势，布白密，颇整齐。属于此系者有以下4器：乙20、23、59、61。

（五）克钟系（乙26）。用笔圆而细，结体疏，取纵势，开张而不谨饬，布白不均匀。属于此系者有以下12器：乙27、28、31、32、33、36、37、41、42、43、44、45。

（六）大克鼎系（乙29）。用笔圆，较克钟略粗。结体颇疏，取纵势，开张而不放纵，与克钟略异。布白均匀，有阳文界格，直行横列井然。属于此系者有以下二器：乙34、35。

（七）夨人盘系（乙40）。用笔圆而粗，结体纯取横势，向右倾斜，布白有直行横列，但不甚整齐。此为周代彝器中书体之特出者，上所列73器中，除夨人盘本身外，无一属于此系者。

（八）毛公鼎系（乙49）。用笔圆，粗细适中，结体长放，纯取纵势，随式布白，有直行，无横列，直行亦不整齐。属于此系者有以下7器：乙50、51、60、64a、68、69、70。

（九）虢季子白盘系（乙58）。用笔圆，粗细适中，结体取纵势，而颇宽博，雄劲开张，启秦器之风。布白疏，直行横列井然，然于整齐之中寓不整齐，观其字大小偏正不一律可知。此亦西周器书体之特出者，上所列73器中，除虢盘本身外，无一属于此系者。

（十）噩侯簋系（乙62）。近虢季子白盘，虽取纵势而颇宽博，然不及虢盘之雄劲，布白不整齐，属于此系者有以下4器：乙47、48、63、64。

（十一）虢文公子段鼎系（乙71、72）。此噩侯簋更宽博，带横势，近于夨人盘，然用笔不及夨人盘之粗，布白不整齐。上所举73器中，除71、72外，无属此系者。

以上11系书体之不同，试比较原铭，自然可见。至其附属诸器，则非界限划然分明，往往一器介乎二系之间。例如68、69、70可附入毛公鼎系，亦可附入赵曹鼎系；47、48可附入噩侯簋系，亦可附入克钟系。严格而论，则每器铭文，几各自有其面目。盖书铭者各自为政，并非有何师法相承，今之分系，不过就书学立场，举其大略而已。

以下65器，自其铭辞知为西周之物，而不能定其年代，但以辞例及书体观之，明属第二期。兹列举其名，并按其书体分系。

（一）通簋系

乙73	静簋	《两》27
乙74	静卣	《两》28
乙75	又	《两》28
乙76	小臣静彝	《两》29
乙77	吕齋	《两》30
乙78	君夫簋	《两》30
乙79	趞鼎	《两》29
乙80	窻鼎	《两》31
乙81	遇甗	《两》32
乙82	竞卣	《两》36
乙83	竞簋	《两》37
乙84	录簋	《两》34
乙85	录苁卣	《两》33、34

（二）趞曹鼎系

乙86	录伯苁簋	《两》35
乙87	段簋	《两》24
乙88	善鼎	《两》36
乙89	县妃簋	《两》38
乙90	格伯簋	《两》64
乙91	又	《两》64、65
乙92	又	《两》65
乙93	又	《两》66
乙94	又	《两》66
乙95	师遽簋	《两》69
乙96	师遽彝	《两》70

乙97	大簋	《两》74、75
乙98	南季鼎	《两》98
乙99	齵簋	《两》104、105
乙100	叔向父簋	《两》129

（三）师虎簋系

乙101	颂簋	《两》47、48
乙102	又	《两》49、50
乙103	又	《两》51、52
乙104	又	《两》53、54
乙105	又	《两》254、55
乙106	谏簋	《两》101
乙107	扬簋	《两》102
乙108	番生簋	《两》130
乙109	茆伯簋	《两》137
乙110	休盘	《两》又143

（四）智鼎系

乙111	师舲簋	《两》100

（五）克钟系

乙112	颂鼎	《两》45
乙113	颂壶	《两》56
乙114	师望鼎	《两》63
乙115	猶钟	《两》68、69
乙116	井人妄钟	《两》140、141
乙117	又	《两》141～143

（六）大克鼎系

乙118	颂壶	《两》57

乙119　　　　番匊生壶　　　　《两》130

（七）矢人盘系

乙120　　　　大鼎　　　　　　《两》75

（八）毛公鼎系

乙121　　　　颂鼎　　　　　　《两》46

乙122　　　　师酉簋　　　　　《两》76

乙123　　　　又　　　　　　　《两》77

乙124　　　　又　　　　　　　《两》78

乙125　　　　士父钟　　　　　《两》124

乙126　　　　士父钟　　　　　《两》125

乙127　　　　又　　　　　　　《两》126

（九）噩侯簋系

乙128　　　　史颂簋　　　　　《两》40

乙129　　　　又　　　　　　　《两》41

乙130　　　　又　　　　　　　《两》42

乙131　　　　又　　　　　　　《两》43

乙132　　　　史颂鼎　　　　　《两》44

乙133　　　　史颂匝　　　　　《两》44

乙134　　　　史颂盘　　　　　《两》44

乙135　　　　叔向父作婷妣簋　《两》129

（十）虢文公子段鼎系

乙136　　　　格伯作晋姬簋　　《两》67

乙137　　　　伯晨鼎　　　　　《两》99、100

列国之器，书体属第二期者甚多，详见下节。

丙 第三期

周室东迁以后，王室之器少见，铜器能确切或大概定其年代者，皆为列国所铸，兹举之于下。

丙1 曾伯霎簠 《两》207

佳王九月初吉庚午，曾伯霎惄圣元武，元武孔常。克狄淮夷，印燮繁汤，金道锡行，具既卑方。余择其吉金黄镛，余用自作旅簠，以征以行，用盛稻粱，用孝用享于我皇祖文考。天赐之福，曾伯霎覤不黄耇万年，眉寿无疆，子子孙孙永宝用之享。

丙2 又 《两》207

铭文同1。

是二器与宋人著录之晋姜鼎同时，约在春秋初叶。

丙3 国差蟾 《两》239

国差立事岁，咸，丁亥，攻师倌铸西郭宝蟾四秉。用实旨酒，侯氏受福眉寿。卑旨卑瀞。侯氏毋瘠毋荒，齐邦鼏静安宁。子子孙孙永保用之。

国差即国佐，见《左氏》成二年经、传（前589年）。

丙4 秦公簋 《两》288

秦公曰："丕显朕皇祖，受天命，鼏宅禹迹。十又二公，在帝之坏。严龚寅天命，保业厥秦，虩事蛮夏。余虽小子，穆穆帅秉明德，剌剌趄趄，万民是敕，咸畜胤士，蠚蠚文武，镇静不廷。虔敬朕祀，作口宗彝，以昭皇祖，其严御格。以受屯鲁多釐，眉寿无疆，眊寏在天，高弘又庆，奄有四方。"宜。

从郭氏说，定为秦景公时物[1]，景公在位时为公元前576～前537年。

丙5 邾公铚钟 《两》213

佳王正月初吉，辰在乙亥，郳公轻择厥吉金，玄镠肤吕，自作龢钟。曰："余冀龏威忌，铸辞龢钟二锗。以乐其身，以宴大夫，以喜诸士，至于万年，分器是寺。"

丙6　又　《两》214

铭文同5。

丙7　又　《两》215

铭文同5。

郳公轻即郳宣公，见《春秋》襄十七年（前556年）。

丙8　郳公华钟　《两》216

佳王正月初吉乙亥，郳公华择厥吉金，玄镠赤镛，用铸厥龢钟，台作其皇祖皇考。曰："余翼龏威忌，淑穆不豕于厥身。铸其龢钟，台卹其祭祀盟祀，台乐大夫，台宴士庶子。慎为之名，元器其旧，哉公眉寿，郳邦是保。其万年无疆，子子孙孙，永保用享。"

郳公华即郳悼公，见《春秋》昭元年（前541年）。

丙9　郐王义楚锘　《两》170

佳正月吉日丁酉，郐王义楚择余吉金，自作祭锘。用享于皇天，及我文考，永保予身，子孙□宝。

丙10　义楚耑　《两》170

义楚之祭耑。

丙11　仆儿钟　《两》171、172

佳正九月初吉丁亥，曾孙仆儿，余迭斯于之孙，余几路之元子。曰："于乎，敬哉，余义郪之良臣，而徿之字父。余□邎儿攽吉金镈铝，台铸龢钟，台追孝先祖。乐我父兄，饮食歌舞。孙孙用之，后民是语。"

丙12　又　《两》173

铭文同11。

上四器均有义楚之名，义楚即《左传》昭六年聘于楚之徐仪楚（前536年）。

丙13　宋公成钟　《两》206

宋公成之歌钟。

宋公成即宋平公，《公羊》作戌，《左传》作成，卒于公元前532年。

丙14　王子申盏　《两》182

王子申作嘉妳盏盂，其眉寿无期，永保用之。

从阮元说，王子申为楚平王长庶子，字子西，逊楚国，立昭王而为令尹者①。昭王元年为公元前515年。

丙15　晋公盦　《两》268

隹王正月初吉丁亥，晋公曰："我皇祖唐公，□受大命，左右武王。……余隹今小子，敢帅刑先王，……隹今小子，整辥尔容，宗妇楚邦。乌昭万年，晋邦隹翰，永康宝。"

从唐兰说，晋公即晋定公午②，其在位时为公元前511～前475年。

丙16　吴王夫差鉴　《两》155

攻吴王夫差择厥吉金，自作御鉴。

吴王夫差在位时间为公元前495～前473年。

丙17　黄池壶　《克》61

禺邘王于黄池为赵孟庎。邘王之锡金，以为祠器。

此记哀公十三年黄池之会事（前482年）。

丙18　陈逆簠　《两》257

隹王正月初吉丁亥，少子陈逆曰："余陈趄子之裔孙。余寅事齐

---

① 见《积古斋钟鼎彝器款识》卷七第二十六页。

② 见北京大学《国学季刊》第四卷第一期《晋公𥂚盦考释》。

侯，欢邮宗家。择厥吉金，台作厥元配季姜之祥器。铸兹宝簠。台享台
孝于大宗皇祖皇妣，皇考皇母。作匄永命，须寿万年，子子孙孙永宝
用。"

丙19　陈逆簠　《两》257

冰月丁亥，陈氏裔孙逆作为皇祖大宗簠，以匄永命眉寿，子孙是
保。

陈逆见《左氏》哀十四年《传》（前481年）。

丙20　姑冯句鑃　《两》158

隹王正月初吉丁亥，姑冯昏同之子择厥吉金，自作商句鑃。以乐宾
客，及我父兄，子子孙孙永宝用之。

从郭氏说，姑冯昏同即越王勾践时之大夫冯同①，越王勾践卒于公元
前465年。

丙21　楚王酓章钟　《两》179、180

隹王五十又六祀，徙自西殢。楚王酓章作曾侯乙宗彝，置之于西
殢，其永时用享。穆商商。

酓章即楚惠王，其五十六年为公元前433年。

丙22　麤羌钟　《两》277

惟廿又再祀，麤羌作戎。厥辟韩宗敔，遂征秦迮齐，入长城，先会
于平阴。武侄寺力，富敓楚京。赏于韩宗，命于晋公，邵于天子，用明
则之于铭。武文咸烈，永世毋忘。

丙23　又　《两》又277

铭文同22。

丙24　又　《两》又277

铭文同22。

---

① 见《两释》157。

丙25　又　《两》278

铭文同22。

丙26　又　《两》278

铭文同22。

从温廷敬说①，廿又再祀，指周威烈王廿二年（前404年）。

丙27　陈侯午镈　《两》258

隹十又四年，陈侯午台群诸侯献金，作皇妣孝大妃祔器铁镈。台登台尝，保有齐邦，永枼毋忘。

丙28　陈侯午铁　《两》259

铭文同27。

陈侯午即田齐桓公，其十四年约当公元前362年。

丙29　陈侯因资镈　《两》260

隹正六月癸未，陈侯因资曰："皇考孝武起公，……诸侯寅荐吉金，用作孝武起公祭器镈。台登台尝，保有齐邦，豆万子孙，永为典尚。"

因资即齐威王因齐，其元年约当公元前357年。

丙30　曾姬无邮壶　《两》181

隹王廿又六年，圣起之夫人曾姬无邮，望安兹漾陲蒿间之无匹，用作宗彝尊壶，后嗣用之，职在王室。

丙31　又　《两》181

铭文同30。

从刘节说②，是器作于楚宣王廿六年（前344年）。

丙32　商鞅量　《两》292

---

① 见《史学专刊》一卷一期《鄦羌钟铭释》。

② 见《楚器图释》。

十八年，齐遣卿大夫众来聘。冬十二月乙酉，大良造鞅爰积十六尊五分尊一为升。重泉。

丙33　大良造鞅戟　《贞》12：6

□大良造鞅之造戟。

商鞅为秦孝公臣，孝公十八年当公元前344年。

丙34　燕王职戈　《奇》10：21

郾王戠作□牧锯。

丙35　燕王职矛　《奇》10：37

铭文同34。

郾王戠即燕昭王职，其在位时为公元前311～前279年。

丙36　相邦吕不韦戟　《奇》10：29

五年，相邦吕不韦造，诏史图、丞蕺、工寅。

吕不韦于秦庄襄王元年为相国，庄襄王立三年而卒，王政继立，其五年当公元前242年。

丙37　楚王酓肯鼎　《两》184

楚王酓肯作铸匋鼎，以共歲嘗。

丙38　楚王酓肯鼎　《两》补遗

楚王酓肯作铸铊鼎，以共歲嘗。

丙39　楚王酓肯簠　《两》补遗

楚王盒肯作铸金匜。以共歲嘗。

从唐兰说[①]，酓肯即考烈王，其在位时为公元前262～前238年。

丙40　楚王酓忑鼎　《两》183

楚王酓忑战获兵铜。正月吉日，窒铸銤鼎，以共歲嘗。

丙41　楚王酓忑盘　《两》补遗

---

① 见《寿县所出铜器考略》。

楚王酓忎战获兵铜。正月吉日，窜铸少盘，以共戴棠。

酓忎即幽王熊悍，其在位时为公元前237～前228年。

丙42　燕王喜矛　《贞》12：15

郾王喜□□□秭。

丙43　燕王喜剑　《贞》12：19

郾王喜□□□□。

燕王喜在位时为公元前254～前222年。

上共43器，作于春秋战国之世，以之与西周器相较，可知其异同。兹分为铭辞、书体二部比较之。

一、铭辞

（一）辞句

（1）西周器纪受命册礼等套语，几于绝迹。

（2）好自称述其先祖，如称"某某之孙"、"某某之子"等。

（3）称述器之用途，成为套语，如称"择其吉金"、"以为某器"、"用追孝先祖"、"以乐其身"等等。

（4）仍好作颂祷语，如"眉寿无疆，子子孙孙永宝用享"等。

（5）韵文大为盛行，上所举43器中，计有韵者凡20器（1、2、3、4、5、6、7、8、9、11、12、14、15、19、21、27、28、29、30、31）。

（二）纪年法

（1）系年于篇末之习已废除，但年仍有称祀者，如21、22、23、24、25、26。

（2）最通行者为系月日或系年于篇者，前者如1、2、5、6、7、8、9、11、12、15、18、19、20、29，后者如21、22、23、24、25、26、27、28、30、32。

（3）"初吉"一名常见，其下日名多为丁亥。疑"初吉丁亥"一语，成为铸器常用之辞，非真确示铸器之日。至"既生霸"、"既望"、"既死霸"三名，在上所举43器中不见。

（4）齐器纪年，间有特殊之法，如称"某某立事岁"（3）。月名亦特异，如"咸"（3）、"冰月"（19）等。

（5）晚期之器所纪之年，多系其国君在位之年（例如21、27、28、30、31、32、36）。又列国之器，有称其国之某年或某月日者，如者沪钟称"越十又九年"，都公孜人簠称"隹都正二月初吉丁丑"，都公平侯锰称"隹都八月初吉癸未"，邓伯氏鼎称"隹邓八月初吉"，邓公簠称"隹邓九月初吉"①。可见春秋战国之世，列国多有不奉周正朔者。

（三）篇幅

篇幅有长者，如宋人著录之齐叔夷钟。然大致言之，较之西周晚期器，有缩短之趋向。

二、书体

是期书体，可分为八系。

（一）曾伯霥簠系（丙1、2）。用笔短，颇粗，结体略带横势，颇似夨人盘，布白有直行横列。

（二）国差蟾系（丙3）。用笔纤长，结体宽博，随式布白。属于此系者有以下三器：丙15、18、19。

（三）秦公簠系（丙4）。此系结体布白皆自虢季子白盘出，隹用笔略细。属于此系者有以下三器：丙32、33、36。

（四）郤公华钟系（丙8）。似国差蟾，但结体稍谨饬，不及国差蟾之开张。属于此系者有以下六器：丙5、6、7、27、28、29。

（五）邾王义楚锴系（丙9）。用笔颇纤长流丽，结体取纵势，布白不整齐。属于此系者有以下六器：丙10、11、12、14、16、17。

（六）姑冯句鑃系（丙20）。似邾王义楚锴，惟用笔更纤长，布白

---

① 各器所见书卷页详后。

趋于整齐一途。属于此系者有以下七器：丙13、21、37、38、39、40、41。

（七）曾姬无邮壶系（丙30、31）。用笔纤劲，结体颇宽博。此为楚书中之特出者，近于齐书。

（八）㝬羌钟系（丙22～26）。用笔纤劲，结体平直，布白整齐，有阳文界格。属于此系者有以下四器：丙34、35、42、43。

以上八系，合而论之，可分为四派。一、周派，第一系属之。二、齐晋派（简称齐派），第二系、第四系、第八系属之。三、徐楚派（简称楚派），第五系、第六系、第七系属之。四、秦派，第三系属之。各派最显著之分别，在于用笔结体之不同。周书厚重，用笔结体均不长。齐楚书用笔均纤劲，其不同者，齐书宽博，流为平直，楚书流丽，渐成诡曲。秦书用笔颇纤劲，有齐楚之风，然其结体布白，极似西周晚期之器，盖周书之苗裔也。兹取曾伯黍簠、秦公簋、陈侯午镈三铭，各影写其一段，并影写王子申盏全文（图三），以示四派书体之不同。

列国之器，不能自其铭辞推定其年代者，兹按书体分派，列举之于下。

（一）**周派**　此所谓周派，非专指曾伯黍簠一系而言。凡似西周中叶以降之书体者，皆谓之周派。

召	丙44	召仲鬲	《愙》17：13
毕	丙45	毕姬鬲	《贞》4：14
散	丙46	散伯卣	《三》13：27
芮	丙47	内伯壶	《陶》3：1
	丙48	内公钟	《三》1：4
	丙49	内公鼎	《愙》6：5
	丙50	内公鬲	《愙》17：10
	丙51	内公簋	《贞》5：13

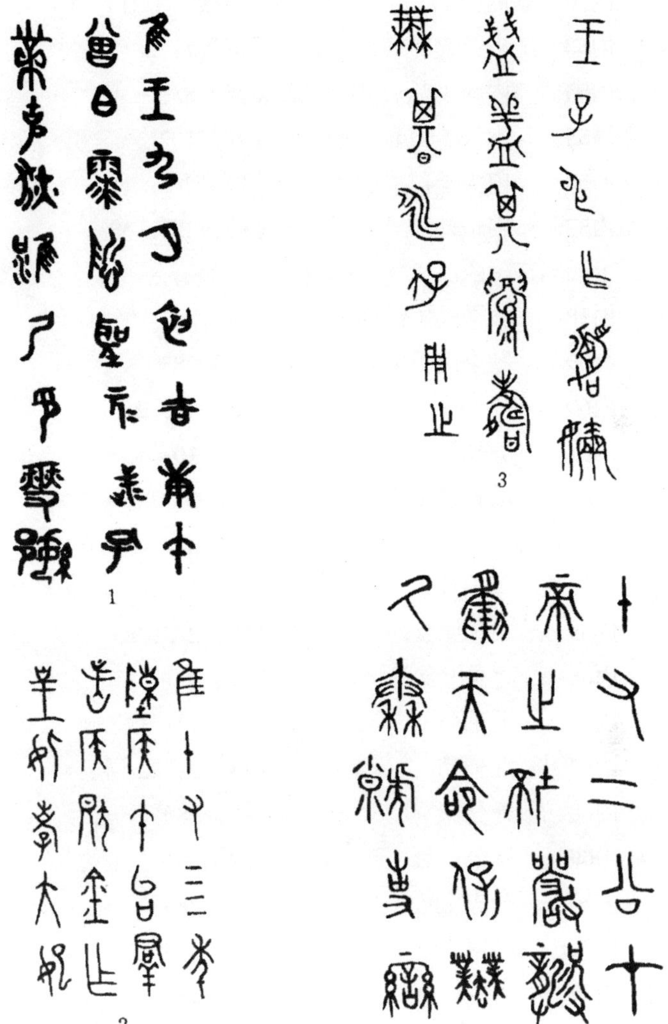

图三　周、齐、楚、秦四派书体例

1.曾伯黍簠　2.陈侯午镈　3.楚王子申盏　4.秦公簋

	丙52	内公鼎	《贞续》上21
	丙53	内公壶	《贞》7：28
	丙54	内大子鼎	《双》8
	丙55	内大子白壶	《武》102
	丙56	内大子白簠	《攈》2/2：11
	丙57	内子仲鼎	《攈》2/2：38

以上四国在陕西。

虢	丙58	虢季氏子组簋	《两》284
	丙59	虢季氏子组壶	《两》285
	丙60	虢仲鬲	《奇》18：21
	丙61	城虢簋	《愙》10：13
	丙62	城虢遣生簋	《奇》3：14

国名虢者凡三，西虢在陕西，东虢在河南，北虢在山西。

单	丙63	单伯钟	《三》1：16
	丙64	单伯原父鬲	《攈》2/2：85
毛	丙65	毛伯㲉父簋	《宝》72
邶	丙66	北伯鬲	《愙》17：17
	丙67	北伯鼎	《贞》2：22
苏	丙68	稣公簋	《两》280
	丙69	稣公子簋	《两》281
	丙70	稣诰妊鼎	《两》280
	丙71	稣甫人匜	《两》280
	丙72	甫人盨	《两》281
	丙73	稣卫妃鼎	《两》281
雔	丙74	雔伯原鼎	《贞》3：12
戏	丙75	戏伯鬲	《攈》2/2：10

郑	丙76	郑义伯鼎	《贞》3：1
	丙77	郑义伯鬲	《梦》上16
	丙78	郑义伯盨	《武》81
	丙79	郑义伯匜	《两》199
	丙80	郑义羌父盨	《梦》上17
	丙81	郑邓伯鬲	《两》200
	丙82	郑邓叔盨	《两》200
	丙83	郑甹句父鼎	《两》200
	丙84	郑虢仲簋	《两》201
	丙85	郑召叔山父簠	《两》202
	丙86	郑楙叔宾父壶	《两》203
	丙87	叔宾父盨	《两》203
	丙88	郑大师小子甗	《三》5：10
	丙89	郑氏伯甗	《三》5：10
	丙90	郑伯筍父甗	《三》5：9
	丙91	郑饔原父鼎	《愙》5：20
	丙92	郑饔原父簋	《贞》4：44
	丙93	叔上匜	《两》202
	丙94	郑同媿鼎	《奇》1：20
	丙95	郑叔蒦父鬲	《攈》2/1：13
	丙96	郑伯匜	《攈》2/3：8
	丙97	郑子石鼎	《贞》2：45
	丙98	郑伯焘父鼎	《善吉》2：69
	丙99	郑中子绅簋	《善吉》8：78（西周器）
杞	丙100	杞伯每刅鼎	《两》231
	丙101	杞伯每刅簋	《两》232

	丙102	杞伯每刅壶	《两》234
	丙103	杞伯每刅匜	《两》234
	丙104	杞伯每刅盁	《两》234
陈	丙105	陈侯鼎	《奇》1：28
	丙106	陈侯簋	《窸》9：6
	丙107	陈侯簠	《贞续》中1
	丙108	陈侯簠	《两》204
	丙109	陈子匜	《两》204
	丙110	陈公子甗	《两》203
	丙111	陈伯元匜	《两》205
	丙112	陈生崔鼎	《武》26
宋	丙113	宋眉父鬲	《攈》2/1：54
黄	丙114	黄君簋	《两》186
	丙115	单鼎	《两》187
	丙116	黄大子伯克盘	《两》186
蔡	丙117	蔡侯鼎	《攈》2/1：58
	丙118	蔡侯匜	《攈》2/1：16
	丙119	蔡姬尊	《攈》2/2：5
	丙120	蔡姞簋	《两》191

以上12国在河南。

卫	丙121	卫子叔簠	《攈》2/1：39
	丙122	司寇良父壶	《奇》18：11
	丙123	卫姒鬲	《贞补》上16

卫初在河南，后迁河北。

齐	丙124	齐侯豆	《善吉》9：18
	丙125	齐侯鎛	《三》7：24

	丙126	齐癸姜簋	《攈》2/2：29
	丙127	齐不瑶鬲	《贞》4：10
	丙128	洹子孟姜壶	《两》255
纪	丙129	己侯钟	《两》235
	丙130	己侯簋	《两》235
郜	丙131	郜史硕父鼎	《贞》3：16
薛	丙132	薛侯鼎	《两》212
	丙133	薛侯盘	《两》212
	丙134	薛侯匜	《两》212
滕	丙135	滕侯穌簋	《两》211
	丙136	滕虎簋	《两》211
铸	丙137	铸公簠	《两》237
	丙138	铸侯求钟	《三》1：9
	丙139	铸子叔黑颐鼎	《贞》3：10
	丙140	铸子叔黑颐簠	《两》237
鲁	丙141	鲁侯彝	《三》6：37
	丙142	鲁侯壶	《三》12：8
	丙143	鲁侯鬲	《三》5：17
	丙144	鲁大司徒匜	《两》225
	丙145	鲁大宰原父簋	《两》226
	丙146	鲁司徒白吴簋	《贞》5：18
	丙147	鲁伯愈父鬲	《两》228
	丙148	鲁伯愈父盘	《贞》10：25
	丙149	鲁伯愈父匜	《贞》10：35
	丙150	鲁伯愈父簠	《攈》2/2：33
	丙151	鲁伯厚父盘	《两》227

	丙152	鲁士睟父簋	《奇》5：21
	丙153	鲁士商瑴簋	《两》231
	丙154	鲁内小臣鼎	《窓》6：14
	丙155	鲁仲姬舲簋	《两》227
	丙156	鲁孟姬姜簋	《两》228
	丙157	鲁原钟	《两》227
邾	丙158	邾君钟	《两》218
	丙159	邾伯御戎鼎	《两》222
	丙160	邾伯鬲	《两》221
	丙161	邾叔止伯钟	《三》1：19
	丙162	邾大宰钟	《两》219
	丙163	邾大宰簋	《两》220
	丙164	邾友父鬲	《两》221
	丙165	邾智父鬲	《窓》17：8
	丙166	邾讨鼎	《两》222
莒	丙167	莒季故公簋	《两》222
	丙168	莒遣簋	《两》223
	丙169	莒遣鼎	《两》223
	丙170	莒伯鼎	《两》224
	丙171	莒伯祀鼎	《两》224

以上九国在山东。

	丙172	曾子㠭簋	《两》209
曾	丙173	曾子仲宣鼎	《两》210
	丙174	曾伯陭壶	《两》208
	丙175	曾诸子鼎	《攈》2/2：37
	丙176	曾叔姬簋	《两》179

丙177　　曾大保盆　　　　　《两》211

春秋时有鄫国，在山东，但金文之曾，疑系别一曾国，处于江汉之间[①]。

虞　　丙178　　虞司寇壶　　　　《两》285

晋　　丙179　　邵钟（共15枚）　《两》269～276

以上二国在山西。

燕　　丙180　　匽公匜　　　　　《两》266

　　　丙181　　郾侯车軎　　　　《两》266

燕在河北。

徐　　丙182　　徐王糧鼎　　　　《两》164

徐在安徽。

楚　　丙183　　楚王領钟　　　　《两》182

楚初在湖北，继迁河南，继迁安徽。

邓　　丙184　　邓孟壶　　　　　《两》190

　　　丙185　　邓伯氏鼎　　　　《两》190

　　　丙186　　邓公簋　　　　　《愙》12：11

邓在湖北。

都　　丙187　　都公敄人钟　　　《两》188

　　　丙188　　都公甗　　　　　《善吉》3：36

　　　丙189　　都公敄人簋　　　《两》188

　　　丙190　　都公平侯盂　　　《两》189

　　　丙191　　都公緘簠　　　　《两》190

都分上都、下都，上都在湖北，下都在陕西[②]。

---

①　　说详刘节：《楚器图释》。

②　　说详《两释》174、175。

（二）齐派

齐	丙192	齐大宰盘	《两》238
	丙193	鎛鎛	《两》251
	丙194	鼍氏钟	《两》252
	丙195	齐侯作虢孟姬匜	《奇》18：26
	丙196	齐侯作虢孟姬盘	《攈》2/2：30
	丙197	齐侯盘	《两》253
	丙198	齐侯匜	《两》253
	丙199	齐侯鎛	《两》254
	丙200	齐良壶	《贞》7：31
	丙201	陈眆簋	《两》257
	丙202	陈曼簋	《两》258
	丙203	陈骍壶	《两》261
	丙204	子禾子釜	《两》261
	丙205	陈纯釜	《两》262
郏	丙206	郏公釰钟	《两》217
燕	丙207	杕氏壶	《两》266
韩	丙208	嗣子壶	《两》278（壶出洛阳）
	丙209	韩壶	《两释》插图5甲（壶出洛阳）
苏	丙210	宽儿鼎	《两》282

（三）楚派

楚	丙211	楚赢匜	B. M. 1930、2
	丙212	楚赢匜	《贞补》中29
	丙213	中子化盘	《两》182
	丙214	楚子簋	《两》又182
徐	丙215	宜桐盂	《两》165

	丙216	沇儿钟	《两》165、166
	丙217	王孙遗者钟	《两》167、168
	丙218	邻王嵩	《两》170
	丙219	邻韶尹钲	《两》175、176
邓	丙220	邓公簋	《两》190
曾	丙221	曾子趄簠	《两》209
	丙222	曾子口簠	《两》209
黄	丙223	黄韦舲父盘	《两》186
蔡	丙224	蔡大师鼎	《两》191
	丙225	蔡子匜	《贞》10：33
宋	丙226	趄亥鼎	《两》205
许	丙227	鄦子妆簠	《两》194
	丙228	子璋钟	《两》194、195

许在河南。

| 吴 | 丙229 | 者减钟 | 《两》又152 |
| | 丙230 | 吴王元剑 | 《两》155 |

吴在江苏。

| 越 | 丙231 | 其庑句鑃 | 《两》157 |
| | 丙232 | 者污钟 | 《两》159～164 |

越在浙江。

（四）秦派

散	丙233	散宗妇鼎	《两》151
	丙234	散宗妇簋	《两》152
	丙235	散宗妇盘	《两》153
	丙236	散宗妇壶	《两》154

以上193器（丙44～236），自其铭辞观之，大半为东周之物。其中

当亦有属西周时者，然能确定其为西周器者绝少，故悉归之于丙类。自其书体观之，周派之器特多。然严格而论，书体真正与第二期各派书相同者，不过一部分。其他一部分，视第二期书颇有异同。其用笔圆转均匀，纯为西周遗风，而笔画颇纤劲，则又与第二期书之厚重有别。齐楚二派之器，除特殊平直或流丽者外，与周派之器笔画纤劲者，实少显著之分别，盖同时或时代相近之物，作风亦相似，固难划然为之分界也。

第三期更有一重要之事实，即鸟书之出见。容庚曾作三文述之[1]，所录器凡三十有三，除健伄妾娟印、熊得玉印、升仙太子碑额三件属秦以后而外，余似皆先秦物（其中玄妇壶一，非鸟书，吴季子之子剑一，疑伪）。计能确定其地域者，有宋公栾戈一，楚王酓璋戈一，攻敔工光戈一，越王钟一，越王矛一，越王剑七。能确定其时代者，为宋楚二代戈（宋公栾为宋景公，其在位时为公元前516~前469年。楚王酓璋为楚惠王，其在位时为公元前488~前432年）。此种书体，似起于南方，由流丽之楚派书演变而出（宋书亦有属楚派者），而以鸟首形或鸟形为字之装饰。其流行亦以南方为中心。其起源之时，最迟不得晚于春秋末年，盛行之时，则当在春秋末叶至战国之世[2]。秦书八体中之虫书，新莽六书中之鸟虫书，皆鸟书之遗存也。

兹综合三期铭文而论之。殷代器铭，简短朴质，周器则篇幅加长，文辞茂美。至东周时，复有简短之趋势，然其中仍有极华美之文。至于书体，殷书雄健，用笔方折，西周初叶，仍袭殷之旧。此种方笔书之器，不徒见于王朝及王畿附近之陕西、河南诸侯国，亦见于山东之齐、纪、薛、鲁，河北之燕，湖北之楚。此较远诸国书体同于周书作风，与

① 《燕京学报》第十六期《鸟书考》，第十七期《鸟书考补正》，第廿三期《鸟书三考》。

② 陈梦家作《越王诸咎粤滑考》（见《学灯》第七十七期），谓越王钟、越王矛及越王二剑之越王者旨于賜即越王诸咎粤滑，勾践后第五世主，其在位时为公元前375~前363年，以古音学论之，其说可信。

其谓受周影响，无宁谓直接自殷代传来（燕国或除外）。盖殷代文代，本远及于东南，亡国以后，其遗民之一部分，复东徙或南徙也。宗周中叶，书体忽然有一巨大之改变，即由方笔变为圆笔。此中似有一过渡时代，如遹簋、刺鼎等器，圆笔而带有方锐之意。然大致言之，此种变化，实出骤然。试比较康王时之大盂鼎及昭王时之宗周钟，其差异之巨，一见即知。此变化之前因为何，今日尚难解答。此种圆笔书势力之大，视前期书体，有过之无不及。以时间而论，不特盛行于西周后期，直至春秋初叶或更后，犹尚存留。以空间而论，则南北东西各国之书，无不受其影响。虽各国之书，一部分用笔纤劲，与西周温和厚重之风不同，而基本之条件——圆笔，则实自西周出者。第三期之齐、楚、秦三派，齐书初与周书相似，后变为平直，此周书未有之特点。与之同风者，有邾、燕、韩、苏诸国书，其地望皆与齐相近。楚书乃华饰之圆笔书，其结体特长，用笔诡曲，为周书未有之特点。与之同风者，有徐、邓、曾、黄、蔡、宋、许、吴、越诸国书，其地望亦皆与楚相近。若宋、楚、吴、越之鸟书，则又从流丽之楚派书演变而出者，故其用笔结体皆相似。秦派保持西周作风最多，盖秦处岐雍，本宗周旧都，不特有其土地人民，亦复袭其文化。然至末叶，亦流于平直，而成小篆。始皇并天下，罢天下书之不与秦文合者，小篆遂成为举国通用之书，六国书体，不复流行矣。

第四章　花纹

所谓花纹者，指器身之花纹而言。凡增加之装饰，如鸟形、兽形或龙形之顶、盖、柱、耳、柄、足等，以及突出之兽首形、棱节、华盖等，概不在内。

本章重要部分，在将高本汉前后二文关于铜器花纹之部，摘要译述。盖以高氏论铜器花纹，较他人为详，而所得结果，适足与本书前二章相印证，故特取之。

高氏于其《中国铜器中之殷与周》一文中，将殷周铜器，分为四式。谓每式之花纹，各有其特点。兹列举之于下。

（一）殷式　是式之花纹①：1. 饕餮纹；2. 鸟纹；3. 张口龙纹；4. 直立龙纹；5. 长鼻龙纹；6. 有翼龙纹；7. 有羽毛龙纹；8. 蛇纹；9. 蝉纹；10. 上举叶纹；11. 下垂叶纹；12. 器足上叶纹；13. 兽形三格纹；14. 有鳞兽纹；15. 内填雷纹；16. 成形雷纹；17. 成带雷纹；18. 组成菱形纹；19. 连结T字纹；20. 圈带纹；21. 圆涡纹；22. 直宽凸条纹；23. T字形凿纹；24. 四半月形纹。

（二）殷周式　是式有殷式花纹之第1、2、5、7、8、9、10、13、14、15、16、18、19、20、21、22、24十七种，尚有一种新出者：25. 举尾鸟纹。

（三）中周式　是式之花纹：26. 横条纹；27. 直窄凸条纹；28. 鳞带纹；29. 直鳞纹；30. 波纹；31. 宽形带纹；32. 相背龙纹。

（四）淮式　是式有殷式花纹之第1、8、9、10、11、14、15、19、21九种，尚有八种新出者：33. 交织纹；34. 钩纹；35. 编条纹；36. 绹纹；37. 瘿纹；38. 点纹；39. 雷圈纹；40. 图案纹。

高氏继作《中国铜器之新研究》一文，将殷式及殷周式并合成一期，谓之上古期。复将是期花纹重为分析，谓可分为A、B、C三组，兹列举其名于下。

A组花纹	C组花纹	B组花纹
1. 面具饕餮纹	1. 变形饕餮纹	1. 解形饕餮纹
2. 有身饕餮纹	2. 龙形饕餮纹	2. 兽形三格纹

---

① 下1、2、3、4等数字，非高氏原文之旧。

3. 牛类饕餮纹　　3. 长鼻龙纹　　3. 带华饰尾鸟纹

4. 蝉纹　　　　　4. 有喙龙纹　　4. 有眼雷带纹

5. 直立龙纹　　　5. 有颚龙纹　　5. 带斜线眼带纹

6. 整片花纹　　　6. 转身龙纹　　6. 圈带纹

　　　　　　　　7. 有羽毛龙纹　7. 四半月形纹

　　　　　　　　8. 有翼龙纹　　8. 成组菱形纹

　　　　　　　　9. S形龙纹　　　9. 乳丁

　　　　　　　10. 变形龙纹　　10. 连结T字纹

　　　　　　　11. 鸟纹　　　　11. 直宽凸条纹

　　　　　　　12. 蛇纹

　　　　　　　13. 圆涡纹

　　　　　　　14. 叶纹

　　　　　　　15. 有眼叶纹

　　　　　　　16. 雷带纹

将C组列于中者，因C组常与A组或B组相结合，而A、B二组，甚少同见于一器上之故。又本期内填雷纹，极为普遍，几乎无器不有，未列为花纹种类之一，读者记之于心可也。

兹将高氏所列三期（或三式）花纹，每种略述其含义，并各为一图（图四）。中周式、淮式之种类名称，皆从高氏第一文所定者，上古期则从第二文。又一种花纹，常因繁简之不同而有数形，难以具举，只取其中一形，为图以代表之。

甲　上古期

A1　面具饕餮纹（图四A1）

面之条件，大致备具，无身。

A2　有身饕餮纹（图四A2）

面之两旁有纹，以代表饕餮之身，或颇具体，或简为数线条，其线条或与饕餮之面相连，以表示身之意义，或与面完全脱离，蟠曲于面之两旁。

以上两种纹，饕餮之面，大致相似。面之正中，或有一直棱，著于鼻所在处，或无之。其额或为一有钩之盾形，或为他形。其角多作C字形，或圆或锐，间作S形或"瓶形"。

A3 牛类饕餮纹（图四A3）

饕餮之角，直而锐末，有时突出器面，代表具体之角形。

A4 蝉纹（图四A4）

具体蝉形，多半无足。

A5 直立龙纹（图四A5）

与有颚龙纹（C5）极似，所不同者，直立龙纹，龙首必向下。此种纹常与饕餮纹有关，往往二龙相对，竖立于饕餮之两旁，或二龙结合，成为一饕餮之面。

A6 整片花纹

指一器自足以上，花纹成整片，不分圈带。此为花纹之排列，非花纹之种类，故未为作图。此种排列法，专指大器如鼎、鬲、簋、卣等而言，觚、尊、爵等，不在此内。

C1 变形饕餮纹（图四C1）

饕餮之耳、目、角仍存，但其口部改变。A组饕餮，唇多突出，至简亦有数线条，分明表示唇状，此则代以一群琐碎奇异之线条。有时饕餮之半面，重复见于器之全身，颇似变形龙纹。

C2 龙形饕餮纹（图四C2）

由有身饕餮纹演变而成。其初以饕餮为主，二龙身附其两旁，以成饕餮之身，初看时，只见饕餮而不见龙，稍进而龙形较为显著，更进而成为真正之龙形饕餮。初看时，只见二龙相对，其首合而为一，细看乃

图四　三期铜器花纹

以图一之例凡原为阴纹者皆作黑色，原为阳纹者皆作白色，恰与拓片相反，又原有之内填雷纹图中概省去。

图四 （续）

图四 （续）

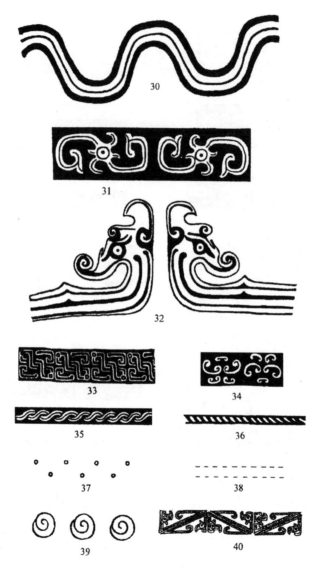

图四 （续）

见成为饕餮之形。最后龙形又加华饰，成为有翼龙或有羽毛之龙。

C3　长鼻龙纹（图四C3）

有长鼻，异形颇多。

C4　有喙龙纹（图四C4）

下颚与前爪连而为一，惟上颚存，成钩喙形。

C5　有颚龙纹（图四C5）

下颚可见，有时身曲。

C6　转身龙纹（图四C6）

种类颇多，有极图案化者。

C7　有羽毛龙纹（图四C7）

带直立之线纹，如羽毛状。

C8　有翼龙纹（图四C8）

与有喙龙纹极似，但其身由两横条组成，下条代表龙身，上条代表龙翼。

C9　S形龙纹（图四C9）

龙身转折成S形。

C10　变形龙纹（图四C10）

线条结合，略见龙形。

C11　鸟纹（图四C11）

具体鸟形。

C12　蛇纹（图四B12）

二身共一首。

C13　圆涡纹（图四B13）

形状亦非一种。

C14　叶纹（图四B14）

或下垂，或上举。

C15　有眼叶纹（图四B15）

蝉纹与叶纹结合而成。

C16　雷带纹（图四B16）

雷纹横列成带形。

B1　解形饕餮纹（图四B1）

惟饕餮之目存，其余面及身各部，解化入于一片雷纹与钩形纹之中，其轮廓只约略可见。

B2　兽形三格纹（图四B2）

由有身饕餮纹变为龙形饕餮纹，再演变而成兽形三格纹。其纹计分三横列，皆为龙形饕餮之遗留。下列为龙足，中列为龙身，上列为龙之羽毛。有时羽毛不见，解化入于图案化线条中。

B3　带华饰尾鸟纹（图四B3）

增饰具体鸟形之尾而成，有时尾与身不相连。

B4　有眼雷带纹（图四B4）

将解形饕餮纹更加简改，纳入一窄带之中而成。

B5　带斜线眼带纹（图四B5）

由S形龙纹解变而成。

B6　圈带纹（图四B6）

小圆圈横列成带。

B7　四半月形纹（图四B7）

方形物，四角垂芒，其角略成半月形。

B8　成组菱形纹（图四B8）

有时惟有菱形，有时菱形与乳丁结合。

B9　乳丁（图四B9）

有时突出器面颇高，有时略浮起，有时惟有一圈，示乳丁之迹。

B10　连结T字纹（图四B10）

T字形横直连结。

B11　直凸宽条纹（图四B11）

宽而高凸或略低平之直条。

乙　中周式

26　横条纹（图四26）

横行之凹槽等皆属此类。

27　直窄凸条纹（图四27）

此与B11不同。B11为宽凸条，二条之间，惟留小隙。此为甚细之浮起条纹，二条之间，隙处颇大。此纹惟见于鬲上。

28　鳞带纹（图四28）

鳞横行成带，单层或双层，间填以他种纹饰。每二鳞紧相接，有时每二鳞为一组，一长一短。此种纹大半绕器之颈，次则饰器之近底处。

29　直鳞纹（图四29）

将鳞纹（28）换其位置，使鳞较小之端向下。再将此式之鳞，横列成数层，周盖器之全身，或只一层成带，绕器之近底处。或使鳞较小之端向上，亦横列成一层，绕器之近底处。

30　波纹（图四30）

此纹或连续不断，成波浪形，或中断，成山丘及其他形。用以饰器之全身，或近缘，或在腹，或近底。

31　宽形带纹（图四31）

此种纹异形甚多，皆为宽条蟠曲而成。其中最常见者，为C形或S形，或类似二者之形。一形重出成宽带，即为此种纹。大半绕器之颈，有时亦饰器身。

32　相背龙纹（图四32）

二龙相背之形。

丙　淮式

33　交织纹（图四33）

异形甚多。或仅为交织之线条，或作龙蛇之状，其身蟠曲成纹，蛇有带鸟首形者。

34　钩纹（图四34）

纹甚缜密，由小钩形组成。

35　编条纹（图四35）

双条交织之纹。

36　绹纹（图四36）

单条绳纹。

37　瘿纹（图四37）

隆起之小丁，代表龙蛇之目。

38　点纹（图四38）

填入空白处之点纹或成行之点纹。

39　雷圈纹（图四39）

一圆圈或一略微隆起之圆纽，内填一单螺旋圈。

40　图案纹（图四40）

各种淮式图案纹。

三期（或三式）花纹，高氏各有论断，兹分述之。

甲　上古期

高氏所论，以此期为最详，自近代之影印书、少数附有精致画图之书以及所搜集之照片中，择1294器，将其花纹，详为分析，所得结果如下：

在此1294器中，A组花纹，或一种独见，或数种同见，或与C组花纹相结合，凡517器。B组花纹，或一种独见，或数种同见，或与C组花纹相结合，凡549器。A组花纹与B组花纹相结合者，仅14器。以是知A、B二组不相结合。其理由何在，殊值讨论。

先以器之形制而论。A组花纹见于各类器上，B组亦然（惟B11不见于鼎、鬲、爵上，而只见于簋、卣、觯上，理由详后）。是则A、B二组之不相结合，并不因器形之故。

次以花纹之排列而论。凡器上花纹，如分为三部，器腹为主要之部，其上有一颈圈，其下有一足圈。如主要之部为A组花纹，其颈圈、足圈，必为A组或C组花纹，而非B组花纹。如主要之部为B组花纹，其颈圈、足圈，必为B组或C组花纹，而非A组花纹。如一器腹部无纹，而惟有颈圈或足圈，二圈必为B组花纹或B组与C组结合之花纹，未尝有A组花纹。以是知A、B二组不相结合，亦非因花纹排列有一定之故。

因是得一结论。在殷时已有两式花纹存在，第一式为A组花纹或A组与C组结合之花纹，第二式为B组花纹或B组与C组结合之花纹。

至中立之C组花纹，在1294器中，或一种独见，或数种同见，不与A组或B组相结合者，凡214器。其所占地位，多为腹部无纹之器之颈圈、足圈。此种排列法，第一式花纹极少，而第二式常见。因是疑纯带C组花纹之器，与第二式花纹关系较深。

在1294器中，仅14器A组与B组花纹相结合，余皆不然。二组之关系果何在？以形式及增加之装饰论之，二组之器，实无分别。且二组花纹，皆与C组相结合。有一极重要之点，即第二式花纹，一部分由第一式演变而来。如A组之面具饕餮纹（A1），略为省改，而成变形饕餮纹（C1）。再溶化入于雷纹与钩形线之中，而成解形饕餮纹（B1）。大概再简改而为有眼雷带纹（B4）。又如有身饕餮纹（A2）之身，延长而为龙形，则成龙形饕餮纹（C2）。再加解化，则为兽形三格纹（B2）。此三种从第一式演变而出之第二式花纹（B1、B2、B4），在549第二式器中，凡见于323器上。

在第二式中，惟直宽凸条纹（B11）最为原始，似自木器或竹器出者。又连结T字纹（B10），亦似从竹器之编织纹出。依平常之推论，纹愈原始，时代愈早。然此别有故，不能一概而论。直宽凸条纹不见于鼎、鬲，而惟见于簋、卣。鼎、鬲有足，为炊器。在原始时，炊器为土制，后为铜制，未尝用竹木。故竹木器之花纹，亦不见其上。簋、卣无足，为盛器，不置于火上，原可用竹木制。后用铜制，而竹木器之花纹，仍为保存。连结T字纹亦少见于炊器上而多见于盛器上，同是一理。且在第一式中，常见整片花纹。而在第二式中，即原始之直宽凸条纹与连结T字纹，亦非整片，而只在器之腹部，其上下常有他种花纹之颈圈及足圈，表示一种成熟之艺术。

据上各点，可得一结论：第一式为"原始殷式"花纹，第二式为"次生殷式"花纹。兹将两式比较之。

一、第一式

第一式花纹之排列法，凡分五种：

（1）一圈者——整片花纹盖全身；

（2）一圈者——惟一颈圈花纹；

（3）二圈者——整片花纹+足圈；

（4）二圈者——颈圈+腹圈；

（5）三圈者——颈圈+腹圈+足圈。

有少数器，腹圈又分为数圈，或颈圈以上有叶纹（C14）。

在以上五种中，第二种最少见，余四种均常见，此示第一式有全身满盖花纹不留空地之趋向。

第一式花纹，可分二大类：

（一）动物类——饕餮、蝉、龙、鸟、蛇等，有时见象纹。

（二）其他三种——（1）圆涡纹；（2）叶纹；（3）雷带纹与内填雷纹——惟一之真正几何图案式纹饰。

花纹主要之部（即腹圈），常为动物类纹。且多为A组之纹，如饕餮纹（A1～A3）、直立龙纹（A5）、蝉纹（A4）等。有时为C组之纹，如有颚龙纹（C5）、叶纹（C14）等，但后者为数甚少。A组纹中，有时附加C组纹，如转身龙纹（C6），为数亦少。至颈圈、足圈，则或为A组之动物纹，或为C组之动物纹，以至圆涡纹、雷带纹等均有之，但雷带纹为数较少。

自各方面观之，第一式花纹，并未曾经历数世纪之久而无变更。就花纹本身之演变而论。如饕餮形、龙形，或繁或简，嬗递之迹，至为分明。内填雷纹，或密或疏，亦似非同时者。

二、第二式

第二式花纹之排列法，有第一式之三种：

（1）整片花纹——无；

（2）颈圈纹——有；

（3）整片花纹+足圈——无；

（4）颈圈+腹圈——有；

（5）颈圈+腹圈+足圈——有。

尚有一种新出之排列法：

（6）颈圈+足圈，中空。

此式腹圈纹，有时亦分为数圈。

此式之新趋向，在多留空地，减少花纹所占之面积。故整片花纹，完全不见，花纹收缩入于一圈或数圈之内，而有第六种排列法之产生。此种趋向，与第一式器身满盖花纹之作风，完全相反。

第二式花纹，一部分由第一式演变而来，前已言之。大概第一式具体生动之动物形，至第二式，乃解变减少，而代以几何图案化之花纹。此外更加新产生之花纹，第一式未曾见者。约而言之，得以下数点。

（1）第一式之原始饕餮纹（A1～A3），在第二式中，完全不见，即改变而成之变形饕餮（C1）与龙形饕餮（C2）亦少。然饕餮之母题尚存在，不过使之图案化，而成解形饕餮（B1）、兽形三格纹（B2）与有眼雷带纹（B4）。

（2）第一式之蝉纹（A4）与直立龙纹（A5），在第二式中，完全不见。蝉纹之遗留，为有眼叶纹（C15）。此种花纹，在第一式中已有之，至第二式中仍存。

（3）鸟纹（C11）在第一式、第二式中均有之，然在第二式中，带华饰尾鸟纹（B3）较为普遍。后者亦由前者解变而出，近于图案化。

（4）龙纹（C3～C10）、蛇纹（C12）等，在第一式、第二式中均有之，其形象无大改变。此数种花纹，在两式中，均不占主要地位，多在颈圈或足圈内。然以数目而论，见于第一式器者数较多，见于第二式器者数较少。

（5）圈带纹（B6）、四半月形纹（B7）、成组菱形纹（B8）、乳丁（B9）、连结T字纹（B10）、直宽凸条纹（B11）六种，均为几何图案式花纹，为第二式中新出之产品，第一式所未见者。

多数之器，如主要之部（即腹圈）非空白，而有第二式花纹，其纹常为B组之几何图案式纹或图案化之动物形纹（B8、B10、B11、B1等），惟少数器腹圈分为数圈者，有鸟纹及龙纹。至颈圈、足圈，则或为B组与C组之几何图案式纹（C16、B8、B2、B4、B5等），或为B组与C组动物形纹（B3、C3～C10、C11、C12等）。

总之，第二式之要点，乃将第一式之动物形纹减少，或置于附属之地位，而于器身主要之部，饰以几何图案式纹或图案化之动物形纹，或留为空白。此种改革，系将第一式生动、古茂、严重之作风，化为精美、细致之趋向。

两式之比较，既如上述。明知第二式乃继第一式而起者，第二式初起之时，第一式已成熟，则第一式之起，必早于第二式数世纪之久。兹自铭文与器物出土地而求其时代。

在已分析过之1294器中，有铭文者，近200器，其中155器为殷代铭文[1]。此155器中，有第一式花纹者凡77器，有第二式花纹者凡78器。此可证明在殷商之时，第一式与第二式花纹，均已发达成熟。

以出土地而论，安阳所出之器，有第一式花纹，亦有第二式花纹。固然，安阳出土之器，不一定作于安阳。或于殷都安阳以前，一部分铜器，即已铸就，为宗庙祭祀之用。及殷迁都安阳，宗庙重器，随以俱来。然尚有一重要之事实，即安阳出土之范模为铸铜之用者，亦有第一、第二两式花纹。是可证明两式铜器，均曾在安阳铸造。然据此不能即谓两式花纹同时流行，因第一式范模或属安阳早期，第二式范模或属安阳晚期也。

两式之时代关系，有二种可能。

（一）两式未尝同时，在第一式衰灭以后，第二式方突起。

（二）两式同时存在，第一式于第二式产生以后，仍继续流行，为时甚久。两式并存于安阳，或直至殷末。

在以上二者中，第二种可能性远较第一种为大。盖中国古代铜器，多为祭祀之用，因信仰及习惯之故，制造铜器，自多遵守旧风。且下至周时，铜器制造，犹系少数专门家所为，殷代亦必如此。大概铸铜技术，父子相传，某家制器，其形制纹饰，皆有定式，守之不变。别一家出，故与此家立异，将此家之纹饰式样，加以改革，并增入新样于其中，而成第二式。然此新式虽流行于时，而制造旧式器之家，仍固守成法。此第一、第二两式所以同时并行也。

铜器艺术，至殷而造其极。花纹式样之繁多，已如上述。论其制造纹饰之技术，则有细条、低平及隆起之浮雕，以及细致之刻镂，精美绝

---

[1]　高氏以带图一109、467、474者为殷代铭文，见第二章。

伦。后世能略与殷式抗衡者，惟淮式而已。

殷亡以后，周室继之。在宗周初叶150年中，铜器艺术，不过袭前朝之旧，无大改革。此期花纹，计分二类。第一类为殷式花纹，一仍其旧而不变。所谓殷式者，或为第一式，或为第二式。计前所分析之1294器中，有43器，上有周代铭文，复有纯粹之殷式花纹。其中有第一式花纹者凡10器，有第二式花纹者凡33器。除此43器外，必尚有他器，铸于周代初年含纯粹殷式花纹者，特无铭文显示其时代而已。第二类为殷式花纹而略加变易，可谓之殷周式①。此类又可分为四种：

（1）含纯粹A组花纹或A组与C组结合之花纹者（23例）；

（2）含纯粹B组花纹或B组与C组结合之花纹者（16例）；

（3）含纯粹C组花纹者（31例）；

（4）含A组与B组结合之花纹或加C组花纹者（3例）。

由是而观，知殷周式花纹，仍不能出A、B、C三组之外，特形象略有改变而已。

总之，周代初期人铸器，仍以殷式花纹为其纹饰，或完全抄袭，或略加变易。殷代之第一、第二两式花纹，既并行于周时，则在殷之后期，亦必并行于安阳，非第一式衰灭后方有第二式突起也。

据以上各种事实，关于上古期铜器花纹之演变，可得结论如下：

殷代花纹第一式，即所谓"原始式"者，其来源不可知。在殷代早期，即已盛行，继续存留，直至殷之末世犹然，间有省改。其晚期时，为第二式势力所侵，流行不如以前之盛。

殷代花纹第二式，即所谓"次生式"者，直接由第一式演变而出，更加以新产之花样。其起源在第一式成熟以后，当在殷之中叶或叔世。

---

① 此所谓殷周式，较前分四式中之殷周式含义稍狭。前所谓殷周式，指一切有花纹之周初器而言，含纯粹殷式花纹者亦在内。此则专指周初器于殷式花纹略加改革者。以后凡称殷周式，皆为此较狭之含义。

此式与第一式同流行于安阳，至其末期，势力侵第一式而上之。

周既克殷，在初叶之150年中，于铜器艺术，未曾有何大创造，惟袭殷之旧，或略加变易，此变易之新式，全自殷式出，不足称为早周式，惟称为殷周式，乃为名副其实耳。

殷式及殷周式花纹，流行于周代，历初叶五王之世（武、成、康、昭、穆）。其流行地域，似只限于王畿以内及其附近。是二式之器，除属于王朝者外，惟见于附近诸侯之国，如召（在陕西）、郑、邞、虢、曼、邶、蔡、卫、应、雕（均在河南）、铸、滕（在山东西部与河南接壤处）等。惟有二器，见于稍远之纪、齐二国（均在山东）。盖武、成、康三王之世，天下初集，方从事国基之奠定，未遑及他。是以艺术仍承殷代之绪，未能有大改革，亦无暇将周室文化，推及远方。逮昭、穆二王，始勤远略。待其成功以后，周室疆土拓展，方有中周式新艺术之产生。

乙　中周式

宗周中叶，铜器艺术，突然有一根本之改革。上古期之花纹，几乎一扫而空，而代以新式花样（图四26～32），其中多有在以前中国艺术中从未曾见者。最显著之事，即多数动物形纹之废除。盛行上古期之饕餮纹，忽然不见，虽偶有饕餮之痕迹，而具体之饕餮形，全然绝迹。上古期之龙纹，惟S形龙纹尚有存者，其直立龙纹、长鼻龙纹、有翼龙纹、有羽毛龙纹等，皆已绝迹。惟中周式中有一流行之龙纹，曰相背龙纹（图四32），为上古期所稀见者。上古期之蝉纹、蛇纹、鸟纹，亦完全绝迹，惟偶有一二举尾鸟纹。因蝉纹之废除，叶纹亦随之而废。即图案化之兽形三格纹，亦不复见。

上古期之几何图案式纹，亦与动物形纹一同废除。成组菱形纹、连结T字纹、圈带纹、圆涡纹、直宽凸条纹、四半月形纹等，皆绝迹不见。

最重要者，为雷纹之骤减。在上古期中，几于无器不有雷纹。在中周式中，雷纹虽未绝迹，而甚少见，于纹饰中仅有附庸之地位。

此式废除旧式花纹，而创造新式花纹。新式花纹中，一部分与旧式全无关系，一部分由旧式变化而出。后者以鳞纹为例。上古期兽形有带鳞者，此式不见，而将鳞化为图案式之纹，或列为横带（图四28），或悬为直条（图四29）。宽形带纹（图四31）亦似从上古期花纹变化而出者。至横条纹（图四26）、直窄凸条纹（图四27）、波纹（图四30）等，则为此式之新花样。

制造花纹之技术，亦与上古期大不同。最显著者，上古期多高凸之浮雕，圆角。中周式为低平之浮雕，方角。上古期隆起之乳丁，此式不见。

何以周代中叶，铜器艺术，突然有此根本之改变？其理由何在，可以政治情形解释之。自昭王南征，穆王西征，周室势力，远及边裔，远处诸侯之邦，与周室文化关系，较前密切。同时王室臣工，巡行天下，见闻一新，因而影响及于艺术。此种影响，系将从外面所受者吸入，并非异族入主，旧时文物，扫除净尽，是以旧式花纹犹有存者。改革旧式，加入新式，遂成为宗周中叶之铜器艺术，所谓中周式者。此式之来源，既由周室文化扩展至大江以北之故，是以此式之流行，亦较早期之殷式及殷周式为广。计中周式铜器[1]见于周代列邦者，凡廿九国，其国名及所在地列下。

寒、齐、纪、邿、鄦、薛、鲁、邿、铸——以上9国在山东。

晋、虞——以上2国在山西。

召、昆夷、西虢、毕、芮——以上5国在陕西。

---

[1] 高氏所谓中周式，兼含器之形制在内，非专指花纹而言。

周①、毛、单、卫、苏、东虢、应、戏、郑、杞、陈——以上11国在河南。

邓、楚——以上2国在湖北。

尚有一事宜注意者，中周式铜器，不见于以下5国：

邾——山东南部，

宋——河南东部，

蔡——河南东南部，

徐——安徽北部，

吴——江苏南部。

此五国均有淮式之器。疑周代东部诸侯国，其地域包含江苏、安徽、河南东部、山东南部，未尝受中周式之影响。其后乃为淮式艺术发达最盛之一地，淮河流域，即此地域之中心也。自消极之证据以为论断，不必正确，姑就所见而及之。至前所举有中周式铜器之廿九国，并不能确示中周式艺术所达之范围，因诸国所有中周式铜器，多少不一。且畿外诸大邦，如齐、楚、晋等，其受中周式影响之程度果若何，仅自今存之少数有铭文之铜器而观，实难得一正确之解答。然至少可知中周式之流行，及于远方，不限于王畿以内及其附近，即此亦足以自得矣。

中周式所及之地域，自上文略得一概念。至其时代，则在昭、穆二王远征以后，即恭王之世，直至西周之末，流行凡百七十余年。逮东周之世，乃日渐衰微，而有淮式之产生。

丙　淮式

与殷式媲美之淮式艺术，由三种原质合成。第一为中周式原质，第二为殷式原质，第三为淮式之特征。

---

① 周非列国，然有数器，其铭辞只言"周某作某器"，不知当归入西周抑东周，故别为一类，列入侯国中。

　　淮式所承袭于中周式者，几全为器之形制而非花纹。流行中周时之花纹，如鳞带纹、直鳞纹、波纹、宽形带纹等，于淮式中几荡然无存。反之，淮式所承袭于殷式者，全为花纹而非形制。大部分殷式花纹，不见于中周时者，至是而重新生长繁荣，组成灿烂之淮式艺术。

　　盛行上古期之饕餮纹，在淮式中复生，惟略有变易。蛇纹、有鳞兽纹均复流行。叶纹亦复兴，惟形状略变，成"心"形或三角形。圆涡纹亦常见，其状略易。连结T字纹特别流行，为淮式中重要之图案。上古期最普遍之内填雷纹，至是亦复生，惟变为极紧束缜密之纹，成为方形，以填器之方形空白处（此种花纹饰钟最多）。

　　淮式特有之花样，亦复不少。盛行此式中之交织纹（图四33），即使在上古期花纹中，不为全无根据（其观念或自早期龙纹或蛇纹之有交织形者得来）。而钩纹（图四34）、编条纹（图四35）、绚纹（图四36）、点纹（图四38）四种，在殷式、殷周式或中周式中，全无痕迹。瘿纹（图四37）似由将龙或鸟之目增高成为柱形生出。雷圈纹（图四39）似与上古期之圆涡纹有关。各种图案式纹（图四40），为淮式所特有者，至为复杂，兹不具论。

　　真正淮式之器，上有铭辞载其国别者，为数甚少。故不能作何确定之论断，谓是式起源于何地，其发达之中心在何处。然就存世材料而观，至少可知淮式之器[①]，见于以下各国：

　　燕——在河北；

　　齐、邾——均在山东；

　　郘——在山西；

　　秦——在陕西；

　　韩、许、陈、宋、蔡——均在河南；

---

　　① 高氏所谓淮式，亦兼指花纹形制而言。

　　楚——初在湖北，继迁河南，继迁安徽；

　　徐——在安徽；

　　吴——在江苏。

　　此外有中周式与淮式混合之器，见于鲁、鄑（均在山东）、卫、苏、郑、郜（均在河南）诸国。

　　尚有二处为淮式艺术发达之地。一为山西北边之李峪，一为河南中部之新郑。李峪出淮式铜器甚多，其时代不详，然自其所出之剑上铭文观之，可知为周时物。新郑出土之器，有中周式及淮式二种。

　　因此知淮式流行之地域，不仅限于江淮流域以内，华北各部，皆为此式势力范围所及。

　　兹有一问题，即淮式如何取中周式而代之。

　　自前文已知，中周式取殷式（及殷周式）而代之，出于骤然。旧式中最重要之原质，完全废除，而代以新者。其变化如此突然而彻底，二式混合之器，几绝不见。故在殷式（及殷周式）期与中周式期之间，无所谓过渡时代，亦无所谓逐渐新陈代谢之演变。此剧烈之变动，将时代划分为二，以前为殷式（及殷周式）时期，以后为中周式时期，二者绝不相混。

　　至于淮式艺术，在公元前6～前5世纪初叶，即已流行。是式之器，于是时不徒见于江淮流域之吴、楚、徐诸国，亦见于山东之邾、齐，河南之宋、陈、陕西之秦及密迩王室之韩（在巩县）。盖在公元前6世纪中叶，此式即已风行于中国各部矣。

　　由中周式至淮式之变化，是否突如其来，如自殷式（及殷周式）至中周式者，是当从各方面观之。

　　中周式之器，未有能确定其时代在公元前6世纪以后者。或可谓在公元前6世纪时，淮式骤然取中周式而代之。然器带铭文载其确定时代者，为数过少，不能据之即下断语。自形制及花纹而观，自中周式以至于淮式，其变化并不突如其来。在中周式器中，有时略含淮式纹饰之意义，在淮式器中，亦常见中周式之痕迹。甚至有中周式及淮式之混合物，殊难归于何式之中，此等器惟可称为过渡时代之产品。

然犹尚有疑者。淮式一部分既自殷式出，安知淮式不与中周式同时并起。中周式发达于中原，淮式发达于江淮流域，其后二者相遇，互相影响，而成混合之物，最后淮式乃盛行，取中周式而代之。此种假设，不为无理，而事实不然。在淮式艺术最发达之楚国，亦有纯粹之中周式器。齐国亦为淮式艺术发达之地，在公元前6世纪时，淮式已流行，然至公元前4世纪之陈侯午簠，又为中周式与淮式之混合物，表示在淮式盛行时中周式遗存之痕迹。最重要之事实，即淮式花纹一部分虽出于殷，而器之形制实袭中周之遗。此明示淮式非与中周式同时并起，乃承殷式与中周式之后，各采其一部分原质加以新有特征而产生者。

至此可得一结论。盛行于西周后半期之中周式，至东周时，受某种影响，渐有变更，经过一过渡时代，兼含殷式与中周式原质并加新样之淮式艺术成立，但中周式仍继续苟延其命脉，有时与淮式并行于一地，最后乃全为淮式所代。中周式完全衰灭之时代，不能据铭辞以定，然要当在公元前400年至前350年之间也。

尚有一极重要之事实，即淮式花纹，一部分系受鄂尔多斯艺术之影响而产生。二式之关系，自其花纹之相似，可以见之。如编条纹、绚纹、点纹等，同流行于二式之中，已经前人指出。最显著者，为兽身上特殊奇异之纹饰，计三种：（1）桃形；（2）逗点形；（3）圈形。此三种在鄂尔多斯艺术中极为普遍之兽身饰纹，从未见于殷式、殷周式或中周式中，而在淮式中忽然出见，其为自西方传来无疑[1]。

因此更涉及与中国艺术有重要关系之一问题。中国铜器中，有带狩

---

① 高氏于淮式与鄂尔多斯艺术之关系，讨论甚详，因非本书所需要，故此从略。

猎图像者，徐中舒曾作一文论之①，谓狩猎图像，系受西亚影响而生。徐所根据者，为普通装饰之物，如带翼人、飞兽等，未曾注意其细处。今观狩猎图像之兽，常带以上所举三种奇异特殊之纹饰，则其受外来影响，昭然可见。此为中国铜器艺术之一大改革，前所未有也。

　　动物图像，殷代铜器上已有之。此等图像，有时虽颇现实，有时则成为形式化之花纹，如饕餮纹、龙纹、鸟纹、蛇纹、蝉纹、象纹等皆然。其列于铜器上，多成板滞之图案，未尝表现一生动景象。中周之世，动物形花纹，废除殆尽，更无足言。直至淮式中之狩猎图像，始真表现人兽搏斗剧烈生动之戏场景物。此种艺术，继续流传，直至于今，而推其起源，实得自鄂尔多斯，真一有趣之事实矣。

　　高氏前后二文论铜器花纹者，略加上述②。迄今为止，论中国铜器花纹之著述，无有能出高氏右者。然不当之处，在所难免，如殷器与周初器。原少分别，定欲分为二式，未免失之牵强。又花纹分类，繁简亦未必尽宜。近陈梦家作《中国铜器概说》，其花纹一节，分期分类，亦极详尽。以与高氏相较，增省之处，皆自有理，足补高氏之不逮。然于花纹之演变及各式之分布作细密之研究者，仍推高氏。本书作者亦曾将三期花纹，分析综合而研究之，其结果于高氏不能大有逾越，故宁舍己而从之。

第五章　结论

　　上三章论徽识、铭文与花纹，兹综合三者而研究之，以求其关系。下表（表一）所列，计357器。前166器，系取近代影印之书，择其中著

① 徐中舒：《古代狩猎图像考》，见《庆祝蔡元培先生六十五岁论文集》。

② 以上系综合高氏二文，摘其重要处而译述之，其次序辞句，不必全依高氏之旧，间因需要，自加数语，然于高氏原意，并无更改，读者幸勿忽。

录之器有徽识兼花纹者记述之，以下则为本书第三章所曾提及并编号之器兼有花纹见于著录者。铭辞一项下，因辞例过繁，不能遍举，故从略。书体一项下，惟注明方笔、圆笔、周派、齐派、楚派或秦派，以其最能代表时代性及地域性也。花纹一项下，于上古期之各种饕餮纹、龙纹、鸟纹，不复加以区别，因同属一时代之纹饰，形态略易，不足影响其与徽识、铭文之关系及器本身之时代问题。时代一项下，惟就在第三章中所曾论述者记之。

根据表一，可得以下事实：

（一）在带徽识之166器中（1～166），凡带铭文者，书体皆为方笔。花纹除第86器为中周式之鳞带纹外，余165器，均为殷式花纹[①]。

（二）能确定为西周初叶之11器（166～177），书体皆为方笔，花纹皆为殷式。

（三）在不能确定时代但自其书体知属西周初叶之19器中（178～196），惟"楚公为钟"一器（195），有中周式之宽形带纹，余皆殷式花纹。

（四）能确定为西周中叶至末年之32器（197～228），书体皆为圆笔，惟少数器圆笔而有方锐之意。此32器中，带殷式花纹者凡5器（201、202、203、205、212），余27器均为中周式花纹。

（五）在不能确定时代但自其辞例、书体知为西周中叶至末年之27器中（229～255），带殷式花纹者凡9器（229～237），其中有8器书体为圆笔而有方意者；带殷式与中周式之混合花纹者凡2器（238、239），皆有徽识；余16器均为中周式花纹。

（六）在能确定为东周初年至战国末之13器中（256～268），惟春秋初叶之曾伯霥簠（256），书体为周派，花纹为中周式，但略有淮

---

① 是章凡称殷式，皆包含殷周式在内。

式之趋向。公元前6世纪中叶之秦公簋（257）、5世纪初叶之黄池壶（263），书体为秦派及楚派，花纹以淮式为主，而以中周式为其附庸。余10器，属于邾、宋、晋、楚、吴诸国，书体为齐派或楚派，花纹皆为淮式。

（七）在不能确定时代而书体属于周派之69器中（269～337），带殷式花纹者只蔡1器（306）。带淮式花纹者，计陈2器（301、303），齐1器（309），邾1器（326），晋1器（333），燕1器（334），共6器。带中周式与淮式混合之花纹者，计郑1器（294），卫1器（307），鲁1器（318），郜1器（337），共4器，余58器，属于召、毕、芮、虢、单、毛、苏、戏、郑、杞、陈、黄、卫、齐、纪、郜、薛、铸、鲁、邦、曾、虞、邓诸国，花纹皆为中周式。

（八）在不能确定时代而书体属于齐派或楚派之18器中（338～355），带中周式花纹者，计齐2器（339、340），楚1器（345），邓1器（349），共4器。带中周式与淮式混合之花纹者，计苏1器（344），宋1器（350），共2器。带狩猎图像者计燕1器（343）。余11器，属于齐、邾、楚、徐、许、吴、越诸国，花纹皆为淮式。

（九）不能确定时代而书体属于秦派之2器（356、357），花纹皆为中周式。

根据以上事实，可得一结论，即书体与花纹相应。凡方笔书之器，其花纹多为殷式；凡圆笔书周派之器，其花纹多为中周式；凡齐派或楚派书之器，其花纹多为淮式（秦派器过少，不能定）。换言之，即当书体由方笔变为圆笔时，花纹亦由殷式变为中周式；书体由周派流衍至于齐、楚二派时，花纹亦由中周式入于淮式，兹进而讨论此数步变迁之过程及其时代。

中国铜器制造，始于何时，今日尚不可知，所能知者，在殷代中叶，铜器艺术已发达至最高之境界。殷器花纹最为茂密，种类极多。其器

表一

本章编号	第三章编号	器名	铭所见书卷页	图所见书卷页	徽识	铭辞	书体	花纹	国别	时代
1		卣	梦续26	同左	12			雷纹+饕餮纹+龙纹		
2		甬	颂6	同左	14	父己	方笔	饕餮纹		
3		簋	邺初16	同左	15	父己	方笔	雷纹+龙纹+成组菱形纹+乳丁		
4		簋	宝44	同左	21	父戊	方笔	雷纹+龙纹		
5		盉	宝89	同左	21	父丁	方笔	有眼雷带纹+圈带纹		
6		爵	双43	同左	22		方笔	兽形三格纹		
7		簋	善彝55	同左	33	作父癸	方笔	龙纹		
8		爵	善彝280	同左	33	臣辰父辛	方笔	雷带纹		
9		鼎	页图上3	同左	34			雷纹+龙纹+有眼叶纹		

续表

本章编号	第三章编号	器名	铭所见书卷页	图所见书卷页	徽识	铭辞	书体	花纹	国别	时代
10		鼎	双5	同左	35			雷纹+饕餮纹		
11		簋	梦续16	同左	50	□□作祖戊宝障彝	方笔	有眼雷带纹+圈带纹+孔丁+成组菱形纹+兽形三格纹		
12		簋	宝53	同左	53			雷纹+龙纹		
13		爵	梦上45	同左	55	父庚	方笔	雷纹+饕餮纹		
14		觚	页图上49	同左	61			饕餮纹		
15		簋	尊1:44	同左	67	父乙	方笔	龙纹+圆涡纹		
16		觚	宝107	同左	70a			雷纹+饕餮纹+有眼叶纹		
17		鼎	颂续3	同左	70a			雷纹+饕餮纹		
18		簋	宝50	同左	79	于	方笔	雷纹+饕餮纹+龙纹+叶纹		
19		觯	页图中8	同左	80	父癸	方笔	雷纹+龙纹+雷带纹		

续表

本章编号	第三章编号	器名	铭所见书卷页	图所见书卷页	徽识	铭辞	书体	花纹	国别	时代
20		鼎	善斋20	同左	82			雷纹+饕餮纹+雷带纹		
21		觚	武134	同左	93			雷纹+饕餮纹+雷带纹+有眼叶纹		
22		盉	善斋101	同左	99			雷纹+饕餮纹+叶纹		
23		爵	邺初23	同左	99			雷纹+饕餮纹+有眼叶纹		
24		鼎	武11	同左	100	父己	方笔	雷纹+饕餮纹+龙纹+雷带纹		
25		鼎	宝18	同左	103	父乙	方笔	兽形三格纹		
26		鼎	武18	同左	109	父乙	方笔	雷纹+饕餮纹		
27		尊	宝104	同左	109	父丁	方笔	雷纹+饕餮纹+龙纹+有眼叶纹		
28		觯	颂续72	同左	109	父辛	方笔	饕餮纹		

续表

本章编号	第三章编号	器名	铭所见书卷页	图所见书卷页	徽识	铭辞	书体	花纹	国别	时代
29		鼎	双6	同左	109	□作父癸宝隩彝	方笔	雷纹+饕餮纹		
30		簋	尊1：42	同左	109	□作厥宝隩彝	方笔	有眼雷带纹		
31		爵	梦上48	同左	109b	父癸	方笔	雷纹+饕餮纹		
32		簋	武71	同左	111			雷纹+蛇纹		
33		盉	武125	同左	111			雷纹+饕餮纹		
34		卣	武127	同左	111	父乙	方笔	龙纹		
35		方鼎	宝16	同左	111	父癸	方笔	兽形三格纹+乳丁		
36		角	善彝162	同左	111	父乙	方笔	雷纹+饕餮纹		
37		尊	双25	同左	111	父辛	方笔	饕餮纹+圈带纹		
38		爵	颂续86	同左	112	父丁	方笔	雷纹+饕餮纹		

续表

本章编号	第三章编号	器名	铭所见书卷页	图所见书卷页	徽识	铭辞	书体	花纹	国别	时代
39		卣	善彝111	同左	123	父辛	方笔	成组菱形纹+圈带纹+叶纹		
40		尊	双23	同左	124	父己	方笔	雷纹+饕餮纹		
41		簋	颂续29	同左	127			兽形三格纹		
42		簋	颂续30	同左	127			兽形三格纹		
43		爵	邺二27	同左	128			雷纹+饕餮纹		
44		爵	邺初24	同左	142			雷纹+饕餮纹+有眼叶纹		
45		觚	善彝147	同左	144	父辛	方笔	饕餮纹+叶纹+蝉纹		
46		爵	邺初26	同左	148			雷纹+饕餮纹+叶纹		
47		鼎	宝1	同左	152	父丁	方笔	雷纹+饕餮纹		
48		簋	武46	同左	156			饕餮纹+龙纹		
49		鼎	宝13	同左	156			雷纹+饕餮纹		

续表

本章编号	第三章编号	器名	铭所见书卷页	图所见书卷页	徽识	铭辞	书体	花纹	国别	时代
50		簋	善彝53	同左	166			雷纹+龙纹+成组菱形纹+乳丁		
51		觚	颂续67	同左	177	□作障彝	方笔	饕餮纹		
52		鼎	颂续2	同左	180	父乙	方笔	雷纹+龙纹+圆涡纹		
53		簋	宝59	同左	183	妇	方笔	饕餮纹+龙纹		
54		爵	颂21	同左	185	父丁	方笔	饕餮纹		
55		觚	尊2:42	同左	203	父乙		雷纹+饕餮纹+有眼叶纹		
56		爵	梦上44	同左	204	父丁	方笔	雷纹+龙纹		
57		觚	宝108	同左	206			雷纹+饕餮纹+有眼叶纹		
58		觯	武139	同左	217	父乙	方笔	圙带纹+云纹+带斜线眼带纹		
59		尊	邶二9	同左	218	父巳	方笔	雷纹+饕餮纹		

续表

本章编号	第三章编号	器名	铭所见书卷页	图所见书卷页	徽识	铭辞	书体	花纹	国别	时代
60		鼎	尊1：12	同左	219			雷纹+饕餮纹		
61		觚	善彝144	同左	250	父丁	方笔	雷纹+龙纹+有眼叶纹		
62		簋	页图上29	同左	250			雷纹+龙纹		
63		爵	颂18	同左	259			饕餮纹		
64		鼎	邺初10	同左	259			雷纹+龙纹+圆涡纹		
65		鼎	邺二6	同左	259			雷纹+饕餮纹		
66		簋	宝46	同左	262			雷纹+四半月形纹		
67		鼎	宝20	同左	264	女作山口	方笔	雷纹+龙纹+圆涡纹		
68		鼎	宝19	同左	267	父癸	方笔	兽形三格纹		
69		爵	善彝152	同左	280	父丁	方笔	饕餮纹		
70		尊	宝102	同左	292	父乙	方笔	雷纹+饕餮纹+龙纹+有眼叶纹		

续表

本章编号	第三章编号	器名	铭所见书卷页	图所见书卷页	徽识	铭辞	书体	花纹	国别	时代
71		爵	双38	同左	300	作尊父戊	方笔	雷纹+饕餮纹		
72		爵	双39	同左	300	作尊父戊	方笔	雷纹+饕餮纹		
73		觚	贞图上53	同左	302			雷纹+龙纹+有眼叶纹		
74		簋	武73	同左	307	作父丁	方笔	兽形三格纹		
75		簋	尊1:38	同左	309			圆带纹+舟形带纹		
76		彝	邺二11	同左	316	父乙	方笔	饕餮纹+鸟纹		
77		尊	贞图上40	同左	319	旅作父丁宝障彝	方笔	大雷纹		
78		鼎	武20	同左	320			雷纹+龙纹+圆涡纹		

续表

本章编号	第三章编号	器名	铭所见书卷页	图所见书卷页	徽识	铭辞	书体	花纹	国别	时代
79		簋	武69	同左	320			龙纹+四半月形纹+圆涡纹		
80		盉	尊3：13	同左	320	肇作人	方笔	兽形三格纹		
81		爵	贞图中31	同左	321			雷纹+饕餮纹		
82		鼎	贞图上4	同左	322			雷纹+饕餮纹		
83		觚	颂续63	同左	336			雷纹+饕餮纹+叶纹+蝉纹		
84		觚	尊2：40	同左	339			饕餮纹		
85		鼎	邺初11	同左	341			雷纹+饕餮纹		
86		鼎	贞图上6	同左	348			鳞带纹		
87		爵	邺初22	同左	353			雷纹+饕餮纹+有眼叶纹		
88		卣	尊2：11	同左	359	己	方笔	雷带纹+圈带纹		
89		鼎	宝5	同左	359	己	方笔	雷纹+饕餮纹+龙纹+雷带纹		

续表

本章编号	第三章编号	器名	铭所见书卷页	图所见书卷页	徽识	铭辞	书体	花纹	国别	时代
90		簋	宝43	同左	377	祖己	方笔	兽形三格纹		
91		觚	页图上58	同左	384	父丁	方笔	饕餮纹+有眼叶纹		
92		觚	颂续61	同左	390			雷纹+饕餮纹+有眼叶纹		
93		方鼎	邺二3	同左	392			雷纹+饕餮纹+龙纹		
94		鼎	邺二4	同左	392			雷纹+饕餮纹		
95		卣	尊2：10	同左	392			雷纹+龙纹+鸟纹+直宽凸条纹		
96		鼎	尊1：14	同左	394			雷纹+饕餮纹+有眼叶纹		
97		鼎	双7	同左	403	父己	方笔	兽形三格纹		
98		簋	武52	同左	411			雷纹+饕餮纹+龙纹		
99		爵	页图中22	同左	417	甲	方笔	饕餮纹		

续表

本章编号	第三章编号	器名	铭所见书卷页	图所见书卷页	徽识	铭辞	书体	花纹	国别	时代
100		簋	武67	同左	424	父丁	方笔	雷纹+饕餮纹+龙纹+鸟纹		
101		盉	宝88	同左	425			雷纹+龙纹		
102		觚	宝109	同左	426			雷纹+饕餮纹+有眼叶纹		
103		爵	邺初27	同左	428	己	方笔	饕餮纹+雷带纹		
104		簋	颂续27	同左	432			龙纹+带斜线眼带纹		
105		鼎	善斋22	同左	436	口作障彝	方笔	雷纹+龙纹+圆涡纹		
106		簋	梦上23	同左	438	黄作父癸宝障彝	方笔	龙纹+兽形三格纹+圆涡纹+直宽凸条纹		
107		鼎	宝7	同左	440	父癸	方笔	雷纹+饕餮纹+雷带纹		

续表

本章编号	第三章编号	器名	铭所见书卷页	图所见书卷页	徽识	铭辞	书体	花纹	国别	时代
108		觚	武137	同左	442	父己	方笔	雷纹+饕餮纹+雷带纹+有眼叶纹		
109		簋	颂续28	同左	442			兽形三格纹		
110		觚	颂续64	同左	442			雷纹+饕餮纹+有眼叶纹		
111		尊	尊1:31	同左	442	□作祖辛宝障彝	方笔	饕餮纹		
112		罍	尊2:27	同左	443	父丁	方笔	圆涡纹		
113		爵	梦上46	同左	446	父癸	方笔	雷纹+饕餮纹		
114		簋	宝42	同左	456		方笔	雷纹+龙纹		
115		簋	尊1:39	同左	456	祖丁	方笔	雷纹+龙纹+圆涡纹+成组菱形纹+乳丁		
116		瓿	梦续9	同左	456	父乙	方笔	兽形三格纹		

续表

本章编号	第三章编号	器名	铭所见书卷页	图所见书卷页	徽识	铭辞	书体	花纹	国别	时代
117		鼎	武21	同左	467	父丁	方笔	饕餮纹		
118		盉	武61	同左	467			饕餮纹+圈带纹+云纹		
119		鼎	宝21	同左	467	父辛	方笔	雷纹+饕餮纹		
120		簋	双19	同左	467	父己	方笔	雷纹+龙纹+连结T字纹		
121		鼎	武17	同左	474			兽形三格纹		
122		鼎	善彝21	同左	474			饕餮纹		
123		鼎	梦续2	同左	475			雷纹+龙纹+成组菱形纹+乳丁		
124		爵	页图中27	同左	475			雷纹+饕餮纹+叶纹		
125		方鼎	武4~5	同左	481			雷纹+鸟纹+连结T字纹+成组菱形纹+乳丁		

续表

本章编号	第三章编号	器名	铭所见书卷页	图所见书卷页	徽识	铭辞	书体	花纹	国别	时代
126		方鼎	武6	同左	481			雷纹+饕餮纹+龙纹		
127		簋	武40~41	同左	481			饕餮纹+龙纹		
128		觚	武133	同左	481			雷纹+饕餮纹+四半月形纹+叶纹		
129		觯	宝84	同左	481			饕餮纹		
130		方鼎	善鼎40	同左	481	父丁	方笔	兽形三格纹		
131		壶	善鼎106	同左	481			雷纹+饕餮纹+龙纹+圆涡纹+有眼叶纹		
132		簋	武56	同左	484	父乙	方笔	雷纹+饕餮纹+龙纹		
133		簋	尊1：46	同左	486			饕餮纹+兽形三格纹+圈带纹+叶纹		
134		簋	尊1：48	同左	487	父癸	方笔	兽形三格纹		

续表

本章编号	第三章编号	器名	铭所见书卷页	图所见书卷页	徽识	铭辞	书体	花纹	国别	时代
135		鼎	页图上7	同左	493			有眼雷带纹+圆涡纹+有眼叶纹		
136		方鼎	宝15	同左	494	□	方笔	雷纹+饕餮纹+蛇纹		
137		鼎	梦续4	同左	498	父丁	方笔	雷纹+饕餮纹+雷带纹		
138		尊	宝99	同左	501	父乙	方笔	雷纹+饕餮纹		
139		罐	颂续49	同左	501			圈带纹		
140		角	善斋164	同左	503			雷纹+饕餮纹+圈带纹+叶纹		
141		鼎	武10	同左	505			雷纹+饕餮纹+龙纹+雷带纹		
142		卣	邺初19	同左	506	父丁…	方笔	成组菱形纹+圈带纹		
143		角	善斋163	同左	516	父己	方笔	雷纹+饕餮纹		

续表

本章编号	第三章编号	器名	铭所见书卷页	图所见书卷页	徽识	铭辞	书体	花纹	国别	时代
144		簋	宝41	同左	518			兽形三格纹+带斜线眼带纹		
145		卣	邺初18	同左	519			饕餮纹+龙纹		
146		卣	善彝110	同左	522			成组菱形纹+圈带纹		
147		鼎	页图上16	同左	528	臣辰父癸	方笔	雷纹+饕餮纹+龙纹+雷带纹		
148		簋	尊1：45	同左	531	父己	方笔	兽形三格纹		
149		鼎	尊1：19	同左	537	父癸	方笔	兽形三格纹		
150		鼎	邺初9	同左	21+126			雷纹+蛇纹		
151		鼎	页图上8	同左	21+152			雷纹+饕餮纹		
152		鼎	宝17	同左	21+404			雷纹+蝉纹+叶纹+雷带纹		
153		卣	页图上44	同左	24+231+386+390	父乙	方笔	雷纹+饕餮纹+龙纹+圈带纹		

续表

本章编号	第三章编号	器名	铭所见书卷页	图所见书卷页	徽识	铭辞	书体	花纹	国别	时代
154		甗	宝38	同左	319+455			兽形三格纹+圈带纹		
155		鼎	页图上10	同左	474+136	祖癸	方笔	雷纹+饕餮纹+雷带纹		
156		彝	邶初15	同左	474+153			雷纹+饕餮纹+龙纹		
157		鼎	邶二5	同左	21+X			雷纹+饕餮纹		
158		爵	页图中24	同左	21+X			雷纹+饕餮纹+叶纹		
159		爵	颂续83	同左	21+X			雷纹+饕餮纹		
160		觯	颂续75	同左	467+X			圈带纹		
161		鼎	武13	同左	474+X	父己	方笔	雷纹+饕餮纹+龙纹+雷带纹		
162		簋	颂续26	同左	474+X	父丁	方笔	饕餮纹+龙纹+圆涡纹		
163		簠	双18	同左	474+X			成组菱形纹		

续表

本章编号	第三章编号	器名	铭所见书卷页	图所见书卷页	徽识	铭辞	书体	花纹	国别	时代
164		鼎	尊1：17	同左	474+X	父庚	方笔	兽形三格纹		
165		鼎	贞图上5	同左	474+X			雷纹+龙纹+有眼叶纹		
166		方鼎	武1～2	同左	474+83+X			雷纹+龙纹+成组菱形纹+乳丁		
167	甲三3	沫司徒簋	B.M.1937	同左	136	见第三章	方笔	圆涡纹+四半月形纹+直宽凸条纹		周成王时
168	甲三9	矢令簋	两2	两图75	539	见第三章		雷纹+鸟纹+蝉纹+连结T字纹		周成王时
169	甲三10	矢令彝	两2，3	两图55	539	见第三章		雷纹+饕餮纹+龙纹+鸟纹		周成王时
170	甲三11	矢令尊	两3	两图198	539	见第三章		雷纹+饕餮纹+鸟纹+有眼叶纹		周成王时
171	甲三14	禽簋	两4	两图58		见第三章	方笔	兽形三格纹		周成王时

续表

本章编号	第三章编号	器名	铭所见书卷页	图所见书卷页	徽识	铭辞	书体	花纹	国别	时代
172	甲二16	大祝禽鼎	尊1：24	同左		见第三章	方笔	饕餮纹+乳丁		周成王时
173	甲二22	卫簋	两11	两图59		见第三章	方笔	雷纹+龙纹		周成王时
174	甲二24	师旅鼎	两12	两图3		见第三章	方笔	雷纹+鸟纹		周成王时
175	甲二29	献侯鼎	两15	两图1	111	见第三章	方笔	雷纹+饕餮纹+龙纹		周成王时
176	甲二30	作册大鼐	两17	两图51	539	见第三章	方笔	雷纹+蛇纹+圆涡纹+乳丁		周康王时
177	甲二32	大盂鼎	两18	两图5		见第三章	方笔	雷纹+饕餮纹		周康王时
178	甲二37	献簋	两23	中图11，B42		见第三章	方笔	兽形三格纹		周康王时
179	甲二39	过伯簋	两26	两图62		未录	方笔	雷纹+鸟纹		西周早期

续表

本章编号	第三章编号	器名	铭所见书卷页	图所见书卷页	徽识	铭辞	书体	花纹	国别	时代
180	甲二40	夨簋	两26	两图80		未录	方笔	有眼雷带纹+成组菱形纹		西周早期
181	甲二41	臣辰盉	两15	两图194		未录	方笔	雷纹+饕餮纹+兽形三格纹		西周早期
182	甲二42	臣辰卣	两16	两图165	529	未录	方笔	雷纹+龙纹+蛇纹+象纹		西周早期
183	甲二43	臣辰尊	两16	两图200	529	未录	方笔	雷纹+饕餮纹+龙纹+有眼叶纹		西周早期
184	甲二44	周公簋	两20	献 1：13	529	未录	方笔	雷纹+龙纹+象纹		西周早期
185	甲二46	仡盨	贞补上21	中图16，B41		未录	方笔	雷纹+蝉纹		西周早期
186	甲二47	召公甗	三5：8	泉 1：11		未录	方笔	雷纹+饕餮纹+龙纹		西周早期
187	甲二48	庚嬴卣	两21	两图168		未录	方笔	雷纹+鸟纹		西周早期

续表

本章编号	第三章编号	器名	铭所见书卷页	图所见书卷页	徽识	铭辞	书体	花纹	国别	时代
188	甲二49	沈子簋	两23	两图79		未录	方笔	成组菱形纹+圈带纹		西周早期
189	甲二51	效卣	两86	两图175		未录	方笔	雷纹+鸟纹		西周早期
190	甲二52	效觯	两87	两图201		未录	方笔	雷纹+龙纹+鸟纹+有眼叶纹		西周早期
191	甲二53	穌爵	奇5:16	善吉7:53		未录	方笔	兽形三格纹	召	西周早期
192	甲二57	北伯卣	贞8:23	欧1:77		未录	方笔	雷纹+龙纹+圈带纹	邶	西周早期
193	甲二59	雏伯鼎	梦上10	同左		未录	方笔	雷纹+饕餮纹	雏	西周早期
194	甲二67	贤簋	两265	两图60		未录	方笔	雷纹+龙纹+圆涡纹	卫	西周早期
195	甲二69	己侯貉子簋	两又234	两图81		未录	方笔	雷纹+鸟纹	纪	西周早期

续表

本章编号	第三章编号	器名	铭所见书卷页	图所见书卷页	徽识	铭辞	书体	花纹	国别	时代
196	甲二77	楚公为钟	两178	两图217		未录	方笔	宽形带纹	楚	不定
197	乙1	宗周钟	两25	两图209		见第三章	圆笔	相背龙纹（顶上有雷纹）		周昭王时
198	乙2	遹簋	两27	两图82		见第三章	圆笔有方意	横条纹		周穆王时
199	乙13	智盉	两84	两图180		见第三章	圆笔	宽形带纹		约周懿王时
200	乙16	康鼎	两71	两图12		见第三章	圆笔	宽形带纹		约周懿王时
201	乙17	趩觯	两85	两图206		见第三章	圆笔	雷纹+鸟纹		约周懿王时
202	乙18	免觯	两80	两图205		见第三章	圆笔	鸟纹		约周懿王时
203	乙21	免盘	两80	中图25,B155		见第三章	圆笔	雷纹+龙纹		约周懿王时

续表

本章编号	第三章编号	器名	铭所见书卷页	图所见书卷页	徽识	铭辞	书体	花纹	国别	时代
204	乙22	史免簠	两79	两图133		见第三章	圆笔	直鳞纹+波纹+宽形带纹		约周懿王时
205	乙23	卯簋	两73	两图91		见第三章	圆笔	雷纹+鸟纹		约周懿王时
206	乙27	克钟	两95,96	两图213		见第三章	圆笔	宽形带纹+相对鸟纹（相背龙纹之变态）		约周厉王时
207	乙29	大克鼎	两110,111	两图16		见第三章	圆笔	波纹+宽形带纹		约周厉王时
208	乙30	克盨	两112	两图128		见第三章	圆笔	横条纹+宽形带纹		约周厉王时
209	乙33	小克鼎	两114	两图19		见第三章	圆笔	波纹+宽形带纹		约周厉王时
210	乙38	㝬从盨	两116	两图130	444	见第三章	圆笔	横条纹+鳞带纹		约周厉王时
211	乙39	㝬攸从鼎	两118	两图22		见第三章	圆笔	鳞带纹		约周厉王时

续表

本章编号	第三章编号	器名	铭所见书卷页	图所见书卷页	徽识	铭辞	书体	花纹	国别	时代
212	乙40	夨人盉	两127	两图151		见第三章	圆笔	饕餮纹＋龙纹（纹较上古期有异）		约周厉王时
213	乙45	虢叔旅钟	两123	两图215		见第三章	圆笔	鳞带纹＋波纹＋宽形带纹＋相背龙纹		约周厉王时
214	乙46	伊簋	两116	两图105		见第三章	圆笔	横条纹＋直鳞纹＋宽形带纹		约周厉王时
215	乙49	毛公鼎	两131	两图23		见第三章	圆笔	鳞带纹		周宣王时
216	乙50	召伯虎簋	两133	两图71		见第三章	圆笔	巨形纹（与宽形带纹有相似处）		周宣王时
217	乙54	师兑簋	两146	两图110		见第三章	圆笔	横条纹＋鳞带纹		周宣王时
218	乙55	师兑簋	两147	两图111		见第三章	圆笔	横条纹＋鳞带纹＋宽形带纹		周宣王时

续表

本章编号	第三章编号	器名	铭所见书卷页	图所见书卷页	徽识	铭辞	书体	花纹	国别	时代
219	乙57	无叀鼎	两又143	两图24		见第三章	圆笔	直鳞纹+宽形带纹		周宣王时
220	乙58	虢季子白盘	两88	两图152		见第三章	圆笔	波纹+宽形带纹		约周宣王时
221	乙60	不娶簋	两89	两图97		见第三章	圆笔	横条纹+宽形带纹		约周宣王时
222	乙63	噩侯簋	两90	两图100		见第三章	圆笔	横条纹+鳞带纹		约周宣王时
223	乙64	虢仲盨	两105	十46：11		见第三章	圆笔	宽形带纹		约周宣王时
224	乙65	无叀簋	两107	两图103		见第三章	圆笔	横条纹		约周宣王时
225	乙69	师袁簋	两136，137	两图107		见第三章	圆笔	横条纹+直鳞纹+宽形带纹		约周宣王时
226	乙70	袁盘	两117	两图158		见第三章	圆笔	鳞带纹+波纹		约周宣王时

续表

本章编号	第三章编号	器名	铭所见书卷页	图所见书卷页	徽识	铭辞	书体	花纹	国别	时代
227	乙71	虢文公子段鼎	两282	两图29		见第三章	圆笔	波纹+宽形带纹		约周宣王时
228	乙72	虢文公子段鼎	两283	两图28		见第三章	圆笔	波纹+宽形带纹		约周宣王时
229	乙73	静簋	两27	两图63		未录	圆笔有方意	雷纹+鸟纹		西周中叶至末年
230	乙74	静卣	两28	两图169		未录	圆笔有方意	雷纹+鸟纹		西周中叶至末年
231	乙75	静卣	两28	两图170		未录	圆笔有方意	雷纹+饕餮纹		西周中叶至末年
232	乙80	筱鼎	两31	两图7		未录	圆笔有方意	雷纹+鸟纹		西周中叶至末年
233	乙81	遇甗	两32	两图46		未录	圆笔有方意	饕餮纹		西周中叶至末年
234	乙82	竞卣	两36	两图174		未录	圆笔有方意	雷纹+鸟纹		西周中叶至末年

续表

本章编号	第三章编号	器名	铭所见书卷页	图所见书卷页	徽识	铭辞	书体	花纹	国别	时代
235	乙84	录簋	两34	两图83		未录	圆笔有方意	雷纹+鸟纹		西周中叶至末年
236	乙85	录戎卣	两33、34	两图173		未录	圆笔有方意	雷纹+鸟纹		西周中叶至末年
237	乙89	县妃簋	两38	两图65		未录	圆笔	雷纹+鸟纹		西周中叶至末年
238	乙93	格伯簋	两66	两图67	546	未录	圆笔	转身龙纹+圆涡纹+四半月形纹+直宽凸条纹，座有宽形带纹		西周中叶至末年
239	乙94	格伯簋	两66	两图68	546	未录	圆笔	转身龙纹+圆涡纹+四半月形纹+直宽凸条纹，座有宽形带纹		西周中叶至末年
240	乙97	大簋	两74、75	两图92		未录	圆笔	横条纹+鳞带纹+直鳞纹+宽形带纹		西周中叶至末年

续表

本章编号	第三章编号	器名	铭所见书卷页	图所见书卷页	徽识	铭辞	书体	花纹	国别	时代
241	乙99	瀧簋	两104，105	两图101		未录	圆笔	横条纹+宽形带纹		西周中叶至末年
242	乙101	颂簋	两47，48	两图86		未录	圆笔	横条纹+直鳞纹+宽形带纹		西周中叶至末年
243	乙106	谏簋	两101	两图99		未录	圆笔	横条纹+宽形带纹		西周中叶至末年
244	乙108	番生簋	两130	两图106		未录	圆笔	横条纹+鸟带纹		西周中叶至末年
245	乙116	井人妄钟	两140，141	两图216		未录	圆笔	宽形带纹+相背龙纹		西周中叶至末年
246	乙118	颂壶	两57	两图178		未录	圆笔	直鳞纹+波纹+宽形带纹+相背龙纹		西周中叶至末年
247	乙122	师酉簋	两76	两图93		未录	圆笔	横条纹+鳞带纹		西周中叶至末年
248	乙123	师酉簋	两77	两图94		未录	圆笔	横条纹+鳞带纹		西周中叶至末年

续表

本章编号	第三章编号	器名	铭所见书卷页	图所见书卷页	徽识	铭辞	书体	花纹	国别	时代
249	乙124	师酉簋	两78	两图95		未录	圆笔	横条纹+鳞带纹		西周中叶至末年
250	乙128	史颂簋	两40	两图85		未录	圆笔	横条纹+直鳞纹+宽形带纹		西周中叶至末年
251	乙130	史颂簋	两42	两图84		未录	圆笔	横条纹+宽形带纹		西周中叶至末年
252	乙132	史颂鼎	两44	两图9		未录	圆笔	波纹+宽形带纹		西周中叶至末年
253	乙133	史颂匜	两44	两图145		未录	圆笔	横条纹+宽形带纹		西周中叶至末年
254	乙136	格伯作晋姬簋	两67	两图89		未录	圆笔	横条纹+宽形带纹		西周中叶至末年
255	乙137	伯晨鼎	两99，100	两图15		未录	圆笔	宽形带纹+相对鸟纹		西周中叶至末年
256	丙1	曾伯黍簋	两207	两图132		见第三章	周派	直鳞纹+波纹+宽形带纹+交织宽形带纹	曾	春秋初叶

续表

本章编号	第三章编号	器名	铭所见书卷页	图所见书卷页	徽识	铭辞	书体	花纹	国别	时代
257	丙4	秦公簋	两288	两图127		见第三章	秦派	交织纹（占重要地位）+横条纹+波纹	秦	公元前576～前537年
258	丙6	郴公牼钟	两214	两图224		见第三章	齐派	蛇纹+雷纹+点纹	郴	约公元前556年
259	丙13	宋公戍钟	两206	两图240		见第三章	楚派	交织纹+雷纹	宋	约公元前532年
260	丙14	王子申盏	两182	两图159		见第三章	楚派	叶纹+绹纹	楚	约公元前515年
261	丙15	晋公盎	两268	两图163		见第三章	齐派	交织纹	晋	公元前511～前475年
262	丙16	吴王夫差鉴	两155	两图160		见第三章	楚派	叶纹+钩纹	吴	公元前495～前473年
263	丙17	黄池亚	克61	克图16,17		见第三章	楚派	波纹+交织纹+编条纹	吴	公元前482年

续表

本章编号	第三章编号	器名	铭所见书卷页	图所见书卷页	徽识	铭辞	书体	花纹	国别	时代
264	丙23	属羌钟	两又277	属图1		见第三章	齐派	交织纹+饕餮纹+蛇纹	晋	公元前404年
265	丙30	曾姬无卹壶	两181	两图190		见第三章	楚派	交织纹	楚	公元前344年
266	丙31	曾姬无卹壶	两181	两图191		见第三章	楚派	交织纹	楚	公元前344年
267	丙39	楚王酓肯簠	两补遗	十10:18		见第三章	楚派	淮式图案纹	楚	公元前262~前238年
268	丙40	楚王酓忎鼎	两183	十1:2		见第三章	楚派	淮式图案纹	楚	公元前234~前228年
269	丙44	召仲鬲	瓷17:13	恒94		未录	周派	直管凸条纹+鳞带纹	召	不定
270	丙45	毕仲鬲	页4:14	中图36,C107		未录	周派	直管凸条纹+鳞带纹	毕	不定
271	丙47	丙伯壶	陶3:1	同左		未录	周派	波纹	丙	不定

续表

本章编号	第三章编号	器名	铭所见书卷页	图所见书卷页	徽识	铭辞	书体	花纹	国别	时代
272	丙48	内公钟	三1: 4	西36: 6		未录	周派	宽形带纹+相背龙纹	丙	不定
273	丙49	内公鼎	悫6: 5	西3: 19		未录	周派	波纹+宽形带纹	丙	不定
274	丙50	内公甬	悫17: 10	中图50,C55		未录	周派	宽形带纹+相背龙纹	丙	不定
275	丙51	内公簠	页5: 13	西27: 8		未录	周派	横条纹+直鳞纹+宽形带纹	丙	不定
276	丙52	内公鼎	页续上21	西2: 8		未录	周派	波纹+宽形带纹	丙	不定
277	丙53	内公盉	页7: 28	西19: 5		未录	周派	直鳞纹+波纹+宽形带纹+相背龙纹	丙	不定
278	丙54	内大子鼎	双8	同左		未录	周派	直鳞纹+宽形带纹	丙	不定
279	丙55	内大子白壶	武102	同左		未录	周派	鸟纹+直鳞纹+宽形带纹+相背龙纹	丙	不定

续表

本章编号	第三章编号	器名	铭所见书卷页	图所见书卷页	徽识	铭辞	书体	花纹	国别	时代
280	丙56	内大子白簠	摭2/2：11	两罍7：9		未录	周派	鳞带纹+相背龙纹	丙	不定
281	丙58	虢季氏子组簠	两284	中图38，C80		未录	周派	横条纹+直鳞纹+宽形带纹	虢	不定
282	丙59	虢季氏子组盨	两283	两罍7：5		未录	周派	直鳞纹+宽形带纹	虢	不定
283	丙60	虢仲盨	奇18：21	怀下20		未录	周派	相背龙纹	虢	不定
284	丙64	单伯原父盨	摭2/2：85	中图50，C133		未录	周派	相背龙纹	单	不定
285	丙65	毛伯鹰父盨	宝72	同左		未录	周派	直鳞纹+宽形带纹	毛	不定
286	丙68	鲦公簠	两280	两图122		未录	周派	横条纹+鳞带纹	苏	不定
287	丙69	鲦公子簠	两281	两图117		未录	周派	横条纹+直鳞纹+宽形带纹	苏	不定

续表

本章编号	第三章编号	器名	铭所见书卷页	图所见书卷页	徽识	铭辞	书体	花纹	国别	时代
288	丙75	戏伯鬲	攗2/2：10	泉1：8		未录	周派	直管凸条纹＋鳞带纹	戏	不定
289	丙77	郑义伯鬲	梦上16	同左		未录	周派	相背龙纹	郑	不定
290	丙78	郑义伯盨	武81	同左		未录	周派	横条纹＋鳞带纹	郑	不定
291	丙79	郑义伯匜	两199	两图149		未录	周派	横条纹＋鳞带纹	郑	不定
292	丙84	郑虢仲簋	两201	两图113		未录	周派	横条纹	郑	不定
293	丙85	郑召叔山父簠	两202	两图134		未录	周派	宽形带纹	郑	不定
294	丙86	郑楙叔宾父壶	两203	两图183		未录	周派	波纹＋宽形带纹＋内填雷纹＋夔纹	郑	不定

续表

本章编号	第三章编号	器名	铭所见书卷页	图所见书卷页	徽识	铭辞	书体	花纹	国别	时代
295	丙89	郑氏伯甗	三 5：10	中图49，C14		未录	周派	宽形带纹	郑	不定
296	丙99	郑中子绅簠	善吉 8：78	同左		未录	周派	直鳞纹+波纹+宽形带纹	郑	西周
297	丙100	杞伯每卩鼎	两231	两图27		未录	周派	直鳞纹+宽形带纹	杞	不定
298	丙101	杞伯每卩簠	两232	十5：16		未录	周派	横条纹+宽形带纹	杞	不定
299	丙102	杞伯每卩壶	两234	两图182		未录	周派	宽形带纹	杞	不定
300	丙106	陈侯簠	愙 9：6	西甲 6：24		未录	周派	波纹	陈	不定
301	丙107	陈侯簠	贞续中1	善吉 9：8		未录	周派	交织纹+樱纹	陈	不定
302	丙108	陈侯簠	两204	两图136		未录	周派	宽形带纹	陈	不定

续表

本章编号	第三章编号	器名	铭所见书卷页	图所见书卷页	徽识	铭辞	书体	花纹	国别	时代
303	丙111	陈伯元匜	两205	两图147		未录	周派	交织纹+夔纹	陈	不定
304	丙112	陈生㿟鼎	武26	同左		未录	周派	鳞带纹	陈	不定
305	丙115	单鼎	两187	两图32		未录	周派	鳞带纹	黄	不定
306	丙119	蔡姬尊	攈2/2：5	中图31，C139		未录	周派	雷纹+饕餮纹+叶纹	蔡	不定
307	丙121	卫子叔簠	攈2/1：39	长1：23		未录	周派	宽形带纹+交织纹	卫	不定
308	丙123	卫姒鬲	贞补上·16	善吉3：21		未录	周派	相背龙纹	卫	不定
309	丙124	齐侯豆	善吉9：18	中图56，C151		未录	周派	编条纹	齐	不定
310	丙127	齐不楘簠	贞4：10	善吉3：23		未录	周派	相背龙纹	齐	不定

续表

本章编号	第三章编号	器名	铭所见书卷页	图所见书卷页	徽识	铭辞	书体	花纹	国别	时代
311	丙128	洹子孟姜壶	两255	两罍4:2		未录	周派	鳞带纹+波纹	齐	不定
312	丙129	己侯钟	两235	两图210		未录	周派	鳞带纹+波纹+宽形带纹	纪	不定
313	丙131	郜史硕父鼎	贞3:16	善吉2:70		未录	周派	宽形带纹	郜	不定
314	丙133	薛侯盘	两212	两图155		未录	周派	直鳞纹+宽形带纹	薛	不定
315	丙137	铸公簠	两237	两图135		未录	周派	宽形带纹+相背龙纹	铸	不定
316	丙140	铸子叔黑颐簠	十6:9	同左		未录	周派	宽形带纹+相背龙纹	铸	不定
317	丙146	鲁司徒伯吴簠	贞5:18	善吉9:14		未录	周派	横条纹+宽形带纹	鲁	不定
318	丙150	鲁伯愈父簠	攈2/2:33	善吉9:4		未录	周派	宽形带纹+交织纹	鲁	不定

续表

本章编号	第三章编号	器名	铭所见书卷页	图所见书卷页	徽识	铭辞	书体	花纹	国别	时代
319	丙151	鲁伯厚父盘	两227	两图154		未录	周派	宽形带纹	鲁	不定
320	丙152	鲁士脬父簠	奇5：21	中图50，C95		未录	周派	鳞带纹+相背龙纹	鲁	不定
321	丙153	鲁士商簋盨	两231	两图120		未录	周派	横条纹+直鳞纹+宽形带纹	鲁	不定
322	丙154	鲁内小巨鼎	薓6：14	攀上18		未录	周派	宽形带纹	鲁	不定
323	丙155	鲁仲姬餗簋	两227	两图118		未录	周派	横条纹+宽形带纹	鲁	不定
324	丙156	鲁孟姬姜簠	两228	两图119		未录	周派	横条纹+直鳞纹+宽形带纹	鲁	不定
325	丙157	鲁原钟	两227	两图223		未录	周派	波纹+宽形带纹+相背鸟纹	鲁	不定
326	丙162	郑大宰钟	两219	两图250		未录	周派	淮式图案纹	郑	不定

续表

本章编号	第三章编号	器名	铭所见书卷页	图所见书卷页	徽识	铭辞	书体	花纹	国别	时代
327	丙168	邿遣簋	两223	两图121		未录	周派	横条纹+直鳞纹+宽形带纹	邿	不定
328	丙170	邿伯鼎	两224	两图33		未录	周派	宽形带纹	邿	不定
329	丙174	曾伯陭壶	两208	中图35，C140		未录	周派	直鳞纹+波纹+宽形带纹	曾	不定
330	丙175	曾诸子鼎	攈2／2：37	中图49，C143		未录	周派	鳞带纹+直鳞纹+宽形带纹	曾	不定
331	丙177	曾大保盆	两211	两图161		未录	周派	宽形带纹	曾	不定
332	丙178	虞司寇壶	两285	中图51，C193		未录	周派	波纹+宽形带纹	虞	不定
333	丙179	郘钟	两269	两图228		未录	周派	雷纹+圆涡纹+蛇纹+叶纹+绹纹	晋	不定
334	丙180	叟公匜	两266	中图56，C186		未录	周派	交织纹+瘿纹	燕	不定

续表

本章编号	第三章编号	器名	铭所见书卷页	图所见书卷页	徽识	铭辞	书体	花纹	国别	时代
335	丙184	邓孟壶	两190	两图184		未录	周派	宽形带纹	邓	不定
336	丙185	邓伯氏鼎	两190	两图31		未录	周派	鳞带纹	邓	不定
337	丙187	郜公救人钟	两188	两图222		未录	周派	叶纹+雷圈纹+宽形带纹+相对龙纹	郜	不定
338	丙193	麷镈	两251	两图237		未录	齐派	交纠纹+攀纹	齐	不定
339	丙195	齐侯作虢孟姬匜	奇18:26	两罍7:21		未录	齐派	横条纹	齐	不定
340	丙201	陈肪簋	两257	两图126		未录	齐派	波纹	齐	不定
341	丙203	陈猝壶	两261	两图189		未录	齐派	淮式图案纹	齐	不定
342	丙206	郑公钍钟	两217	两图225		未录	齐派	蛇纹+雷纹+点纹	郑	不定

续表

本章编号	第三章编号	器名	铭所见书卷页	图所见书卷页	徽识	铭辞	书体	花纹	国别	时代
343	丙207	杕氏壶	两266	同左		未录	齐派	狩猎图像	燕	不定
344	丙210	宽儿鼎	两282	两图39		未录	齐派	叶纹+交织纹+鳞带纹	苏	不定
345	丙211	楚嬴匜	B.M.1930，2	同左		未录	楚派	横条纹+鳞带纹+宽形带纹（略带准式）	楚	不定
346	丙214	楚子簠	两又182	两图138		未录	楚派	交织纹	楚	不定
347	丙216	沇儿钟	两165，166	两图239		未录	楚派	交织纹+夔纹+雷圈纹	徐	不定
348	丙217	王孙遗者钟	两167，168	两图231		未录	楚派	交织纹	徐	不定
349	丙220	邓公簋	两190	两图125		未录	楚派	横条纹+宽形带纹	邓	不定
350	丙226	趞多鼎	两205	两图42		未录	楚派	交织纹+直鳞纹	宋	不定

续表

本章编号	第三章编号	器名	铭所见书卷页	图所见书卷页	徽识	铭辞	书体	花纹	国别	时代
351	丙227	鄘子妆簠	两194	两图137		未录	楚派	交织纹（作波纹形）	许	不定
352	丙228	子璋钟	两194,195	两图251		未录	楚派	交织纹+雷圈纹+绹纹+准式图案纹	许	不定
353	丙229	者减钟	两又152	两图221		未录	楚派	叶纹+雷纹	吴	不定
354	丙231	其庬句鑃	两157	两图208		未录	楚派	叶纹	越	不定
355	丙232	者汈钟	两159~164	两图248,249		未录	楚派	雷圈纹+准式图案纹	越	不定
356	丙234	散宗妇簠	两152	两图112		未录	秦派	横条纹+宽形带纹	散	不定
357	丙235	散宗妇盘	两153	两图153		未录	秦派	宽形带纹	散	不定

之有铭者，多为徽识或简单之文字，或二者兼有之，书体皆为方笔。殷亡以后，周初之器，花纹书体，咸袭殷之旧，惟铭文加长，辞采华美，此较殷器为进步者。此种方笔书与殷式花纹之器，不特见于王朝及密迩王畿之侯国，较远之东南诸邦，亦间有之，盖直接承袭殷代文化而出者也。

西周中叶，铜器艺术，突然有一剧烈之改变。即书体雄健之方笔变为温厚之圆笔，花纹由繁缛之殷式变为疏朗之中周式。此改变之起因为何，出于自然演进抑受外来影响，均难臆断。然有一可注意之事实，即楚公为钟，书体为方笔，而花纹为中周式，盖第一期与第二期之混合物。此可有三种解释。（1）是钟为过渡时代之器。（2）是钟之作，在圆笔书及中周式花纹正式成立以后，因楚国距周较远，其接受周室文化影响，不如密迩王室诸国之速而彻底，故花纹虽采新式，而书体仍存旧观。（3）是钟之作，在宗周初叶，因中周式花纹起源于楚，当方笔书盛行时，楚器已有新式花纹，周室之中周式器，乃受楚之影响而生者。仅据此一器，不能有确定之断语，然三者必居其一也。

关于此改变之绝对年代，高本汉谓在恭王时。盖高氏笃信矢令诸器为昭王时物，故不得不为是说。矢令诸器属成王时，前已论之。试以之与昭王时之宗周钟及穆王时之遹簋相较，书体花纹，迥然有别，则此改变当在昭王之世矣（高氏谓遹簋非穆王时器，但仍列宗周钟于昭王时）。昭王始勤远略，宗周钟作于其南征之时，安知钟上之纹饰，不受南方影响，若然，则中周式花纹，一部分固起源于南方也。此虽揣测之辞，然有可能性存在，异日有新发现，当可证其得失。

圆笔书与中周式花纹正式成立后，旧时方笔书与殷式花纹，并未消灭净尽。穆王时之遹簋，即圆笔书而略带方锐之意。约当懿王时之趩觯、免觯、免盘、卯簋及厉王时之矢人盘，其花纹皆为殷式之遗留。而格伯二簋，书体虽为圆笔，花纹则为殷式与中周式之混合物。

　　圆笔者与中周式花纹之器，以地域而论，不特屡见于王朝，亦见于陕西、河南、山东、山西、湖北诸侯国。换言之，即此种作风，似以周室为中心，南北东西诸国，咸为其势力所及。以时代而论，此种作风，起于昭王之世，盛行于西周后期，东周以降，始逐渐衰微，然至公元前4世纪时，中周式花纹犹有存者，陈侯午簋即其一例。

　　齐楚二派书，一部分从周书演变而出，其用笔特长，则似受殷书影响。此种变化之起始，当在东周之时，至迟不得后于公元前6世纪，国差蟾、邾王义楚耑，其明证也。淮式花纹之来源及其起始之年代，今均不可确知。但可断言者，在公元前6世纪中叶，淮式花纹即已流行，若邾公轻钟、宋公成钟，其纹饰皆为正式淮式。此种齐派或楚派书与淮式花纹之器，以地域而论，北至燕齐，南至楚邓，西至秦晋，东至吴越，无不有之。换言之，即此作风被于中国全境。以时代而论，则自公元前6世纪中叶迄于公元前3世纪晚期，计300余年之久，此种作风，特为盛行。且所谓淮式铜器，其制作之精美，纹饰之繁密，驾中周式而上之，足与殷式抗衡。盖当是式成立之时，铜器艺术又入一新纪元矣。

　　由第一期至第二期，书体与纹饰之变化，皆突如而彻底（纹饰尤甚），故两期混合之器甚少。若由周书流衍成齐、楚二派，由中周式花纹改变为淮式花纹，则系逐渐而来，其中经过一过渡时代，故混合之器为数较多。如春秋初叶之曾伯霖簋，虽书体为周派，花纹为中周式，而其中已含淮式之意。公元前6世纪中叶之秦公簋，则为中周式花纹与淮式花纹之混合物。又在不能确定时代之列国器中，往往有周派书之器，而带淮式或淮式与中周式混合之花纹，或齐派楚派书之器，而带中周式或中周式与淮式混合之花纹。盖数派书体，两式花纹，并行颇久，故不能似第一期与第二期之器，界限划然分明也。

　　在春秋之末至战国时，南北二方，铜器艺术，各有异军突起。在南为书体，在北为纹饰，即鸟书与狩猎图像是也。狩猎图像，系受外来影响，鸟书则自流丽奇诡之楚书演变而出，以文字而带装饰之意。秦并天下，六国文物，摧灭殆尽，铜器艺术，自是一蹶不起。然鸟书以别体存官，于汉时为书幡信之用，亦有用以摹印者。狩猎图像亦传于世，汉代艺术，受其影响甚巨，则其流风远矣。

（此文是曾昭燏1937年在英国伦敦大学研究院攻读硕士研究生的硕士论文。）

论周至汉之首饰制度

引　言

　　首饰者，指发髻之样式及头上所加之冠巾等而言，耳饰附焉。关于是题，文献本极缺乏，赖有《三礼》零断之记载，经汉儒注释，清代朴学家加以阐发，古代衣冠制度，始约略可征。今取《礼经》为主，旁采《汉书》、《后汉书》、《释名》、《广雅》、《方言》等书，更证以存世之宝物，如汉代石刻陶俑等，写为是文。近年来洛阳、西安等地，所出土俑，动以万计，其中不乏汉代之物，一时无从观摩，不能取材。姑就自四川彭山汉墓中所得，略资参校，待异日遍观诸物，再为补苴。

又是文所论，大半限于士庶人之首饰，贵族衣冠，更为繁复，资料尤稀，只得暂付阙如矣。

第一节　男子首饰[①]

一　发髻

1. 韬发之𬘞

周时男子栉发讫，以𬘞裹发（𬘞字从《仪礼》，《礼记·内则》作纚）。江永《乡党图考》卷五《冠考》："𬘞即《内则》之纚，古人不露发，必韬而结之，绕为髻，乃著冠。"𬘞以黑缯为之，长六尺，广二尺二寸，故发不外露。《仪礼·士冠礼》："缁纚广终幅，长六尺。"郑玄注："终，充也，纚一幅长六尺，足以韬发而结之矣。"贾公彦疏："人发之长者不过六尺，纚六尺，足以韬发。"胡培翚正义："《开元礼义鉴》云：'古者以黑缯为𬘞，先韬发而后冠帻卷梁。'云终充也者，古布帛每幅阔二尺二寸。广终幅者，谓充其幅之阔以为广，而长则六尺也。"至汉代其制已变，汉代所谓𬘞，乃冠帻之梁，可冒发而不可韬发。《周礼·夏官·弁师》郑注："今时冠卷当簪者，广袤以冠睧。"孙诒让正义："汉人所云冠纚乃古之冠梁，帻之有梁者亦谓之纚。故《说文·系部》云：'𬘞，冠织也。'《汉书·元帝纪》注引李斐云：'齐国旧有三服之官，春献冠帻𬘞为首服。'冠帻𬘞，即谓织成冠帻梁之材也。然古冠梁广止二寸，而汉之帻梁则冒发，其度甚广，古冠纚全幅韬发，而汉之冠帻𬘞则不全幅，可冒发而不可韬发，是汉之𬘞非《礼经》之𬘞也。"在汉代画像及彭山陶俑中，均未见古代韬发之𬘞之迹。此或由于𬘞为附发之物，画像及俑均不易表现，然据各种记载，

---

① 男子者，指已冠之男子而言。

似韬发之制，至汉代已不能行。

2. 总——束发

以缅韬发讫，乃裂练缯以束发之本，韬发之缅，亦同束焉，谓之总，练缯束发之余者，垂后以为饰。《礼记·内则》："子事父母，鸡初鸣，咸盥漱，栉縰笄总。"郑注："总，束发也，垂后为饰。"孔颖达疏："总者，裂练缯为之，束发之本，垂余于髻后，故以为饰也。此经所陈，皆依事先后，栉讫加縰，縰讫加笄，笄讫加总。"按：既已结发为髻，加笄以固之，安能再以练缯束发之本？故疑总当在韬发之后，结发之前。既笄之后，复结此练缯束发之余者，垂后以为饰，故经文以之次于笄后。死者则用组束之。《仪礼·士丧礼》："髻用组。"郑注："用组，组束发也。"汉石刻中人像项上凸出者，似多为束发之状。而彭山陶俑所见束縰发之迹，至为分明，皆在头后正中，其高下位置约当耳之上缘，惟无垂后之饰。按：今日本及满洲妇人束发之法，先将顶上之发束其本，为一大束，再将头后之发束其本，为一小束，覆于顶头，与大束合，再结为髻。故项上之发，常见松而突起之状。今陶俑上所见，正与此同，疑古代男女束发之法，皆是如此，所见者为小束，大束在顶上，故不能见耳。

3. 髻——结发

既束发后，将发连韬发之缅结成髻（髻亦称紒）于头上。《玉篇》："髻，居济切，同紒。"《说文》无髻有紒，《三礼》郑注作紒。《汉书·李广传》："且臣结发而与匈奴战。"颜师古注："言始胜冠即在战陈。"盖必结发为髻，始能胜冠。《古诗》："结发为夫妻，恩爱两不疑。"《文选》卷三李善注："结发，始成人也，谓男年二十，女年十五时，取笄冠为义也。"此与《汉书》颜注意同。在彭山陶俑中所见男子之髻有二种：（一）髻结于项上，（二）髻结于头后，惟不见韬发之缅。

4. 安发之笄

既结发为髻讫，横插笄于髻中以固之。《礼记·内则》："栉縰笄总。"孔疏引熊氏云："此笄谓安发之笄，以縰韬发，作髻既讫，横施此笄于髻中以固发也。"笄以骨为之，长四寸以上，死者之笄，则以桑为之，长四寸，两头阔，中央狭，其制大概如近代妇人所用之扁簪。《仪礼·士丧礼》："髻笄用桑，长四寸，缫中。"郑注："长四寸，不冠故也，缫笄之中央以安发。"贾疏："缫笄之中央以安发者，两头阔，中央狭，则于发安。"胡培翚正义引蔡德晋云："生时固发之笄，用骨为之，今用桑，变于生也。"汉代之笄，是否仍沿周制，不可得知。然彭山陶俑中男子著巾者，内有二角，明为横笄之迹。

5. 髻发与免——露紒

周时男子居斩衰之丧，自小敛时起至成服以前，去笄与縰，以麻代吉时之总，束发之本，结发为髻。因无笄髻不能固，以麻自项中而前，交于额上，再绕髻使之固。此制谓之髻发，若居齐衰之丧，则以布代麻，谓之免，中有麻或布绕髻，但无縰，发仍露于外，故谓以露紒。《仪礼·士丧礼》："主要髻发袒，众主人免于房。"郑注："髻发者，去笄縰而紒，众主人免，皆齐衰将袒，以免代冠，《丧服小记》曰：'斩衰髻发以麻，免而以布。'此用麻布为之，状如今之著幓头矣。自项中而前，交于额上，却绕紒也。"戴震《校仪礼释误》："丧之括发，谓麻束发也。始有丧，去冠矣，二日又去笄縰，于是不复用吉时之总，而以麻代之，使发不至于散而已矣。免则布束发，易其麻也。"沈彤《仪礼小疏》："以麻若布，为其无笄总而代之也。……麻布代笄总而不代縰。"露紒者，周代凶时之变服。至汉代男子吉时露紒，似尚未盛行，故《后汉书·东夷传》谓马韩人大率皆魁头露紒，明中国人不露紒也。前所引彭山陶俑男子之有髻者二种，似均为古代露紒制之遗留。盖俑所代表者，多为服役贱人，或可以露紒为常服耳。

6. 椎髻

椎髻为夷狄之俗。其制不用纚，结发为髻，形如椎。中国庶民或效之。故《汉书·陆贾传》："尉佗魋结箕踞见贾。"服虔注："魋音椎，今兵士椎头髻也。"师古注："结，读曰髻。椎髻者，一撮之髻，其形如椎。"《汉书·李陵传》谓李陵卫律两人皆"胡服椎结"。又《西南夷传》："此皆椎结"，师古注并与《陆贾传》注同，《后汉书·西南夷传》："其人皆椎结左衽。"以是知汉代匈奴、南越、西南夷均有椎髻之习，中国无冠带之兵士效之。武梁祠画像中邢渠哺父故事及董永故事之渠父及永父以及范睢兄考，头上均似作椎髻。彭山墓砖中，有持爨者二人亦作椎髻。

7. 髦

髦假他发为之，像小儿之发，垂至眉，亲在则着之，没则去之。《诗·柏舟》："髧彼两髦。"毛传："髧，两髦之貌。髦者，发至眉，子事父母之饰。"《礼记·内则》："子事父母，……拂髦。"郑注："拂髦，振去尘着之，髦用发为之，像幼时鬌。"《礼记·玉藻》："亲没不髦。"按《仪礼·既夕》："既殡，主人说髦。"郑注："儿生三月，鬋发为鬌，男角女羁，否则男左女右。长大犹为饰存之，谓之髦，所以顺父母幼小之心。至此尸柩不见，丧无饰，可以去之。"《礼记·内则》郑注："鬌，所遗发也，夹囟曰角，午达曰羁也。"孔疏："云夹囟曰角者，囟是首脑之上缝。故《说文》云：'十，其字像小儿脑不合也。'夹囟两旁当角之处，留发不鬌。云午达曰羁也者，按《仪礼》云：'度尺而午'注云：'一从一横曰午。'今女羁发，留其顶上纵横各一，相交通达，故云午达。不如两角相对，但纵横各一在顶上，故曰羁，羁者只也。"是则髦之制，男子在两角下垂至眉，女子在正中下垂至眉。在彭山陶俑中，童子像两鬓及额上正中均有垂发，与周代髦之制不合。

二　幧头

郑注《士丧礼》髻发与免，谓"状如今之著幧头。"所谓幧头，异名甚多，计有绡头、帩头、幧头、陌头、貊头、络头、赜带、䍡带、帑、帴等名。《方言》："络头，陌头，赜带，䍡带，帑，帴，幧头也。"《广雅》同，惟少一帴字。《释名》："绡头，绡，钞也，钞发使上从也。或谓之陌头，言其从后横陌而前也。齐人谓之帴，言敛发使上从也。"《吴越春秋·句践入臣外传》："越王服犊鼻，著褍头。"《礼记·问丧》郑注："今时始丧者，邪巾貊头，笄缅之存像也。"古《陌上桑》诗："少年见罗敷，脱巾著帩头。"按：幧头之制，与周代死者之掩相似，故亦名帴。周代之掩，以练帛为之，广二尺四寸、长五尺。幧头之质料及长广，当亦与此相近，或以布为之。《仪礼·士丧礼》："掩，练帛，广终幅，长五尺，折其末。"郑注："掩，裹首也。折其末，为将结于颐下，只还结于项中。"胡培翚正义："练帛，熟帛。经不言色，盖用素帛。……广终幅，据《聘礼》疏引郑志，赵商问，凥八寸，四八三十二，幅广三尺二寸，太广，非其度。答曰，古积画误为四，当为三，三凥则二尺四寸矣，是终幅为二尺四寸。……后世生人幧头之制，亦以帛为之，有似于掩，故名为帴。"惟掩折其末，结于颐下及项中，幧头则不折，自项横陌而前，交于额上，却绕纷，与居丧者括发及免之制相同。在周代或为贱者之服，故越王句践服犊鼻，著褍头，服役于吴，以示卑贱之意。（《礼经》无幧头之记载，盖《礼经》所记者，皆士大夫以至于诸侯天子之礼。）至汉代似仍然。故《后汉书·独行列传》称向栩"好被发，著绛绡头。"又《逸民列传》称周党"著短布单衣，谷皮绡头，待见尚书。"明其故作放逸，自异于冠带之伦也。然古诗有"少年见罗敷，脱巾著帩头"之语，似幧头又为常服，惟著于巾帻之内而已。彭山陶俑中男子拱立像二件及男子首二件所著者明为幧头，其自后横陌而前交于额上与绕纷之迹，至为分明，惟幓头之内，尚有一条横于额上，不知何物，岂以表示额发欤？又击鼓者二件，额上显幓头相交之迹，头顶上有巾，此正足与古诗所谓"脱巾著帩头"相印证。今西南各地白布缠头之习，或是古代幓头之遗制。

三　巾

巾之制大概起于古之佩巾，本以拭物，后乃以裹头。《玉篇》："巾，佩巾也，本以拭物，后人著之于头。"《急就篇》注："巾者，一幅之巾，所以裹头也。"为庶人之首服，盖庶人不冠，惟蒙巾于首。《释名》："巾，谨也。二十成人，士冠，庶人巾。"自周秦至汉，以颜色质料别著者之贵贱。百姓著黑巾，故谓之黔首。《说文》："黔，黎也。秦谓民为黔首，谓黑色也。周谓之黎民。一说黑巾蒙首，故谓黔首。"仆隶著青巾，故谓之苍头。《礼记·祭义》孔疏："汉家仆隶谓苍头，以苍巾为饰，异于民也，后世亦沿称之。"士卒著青巾者，亦谓之苍头或苍头军。《战国策》："苏秦说魏王曰：窃闻大王之卒，武力二十余万，苍头二十万。"鲍彪注："苍头，盖以青帕首。"《史记·陈涉世家》："为苍头军起新阳。"韦昭注："军皆著青帽，故曰苍头。"《史记·项羽本纪》："异军苍头特起。"应劭曰："苍头，谓士卒皂巾，若赤眉青领，以相别也。"《汉书·陈胜传》："胜故涓人将军吕臣为苍头军。"应劭曰："时军皆著青巾，故曰苍头。"汉末张角易巾为黄色，故谓之黄巾军。小吏著白布巾。《汉书·朱博传》："诸病吏白巾走出府门。"按：汉人所谓白衣，皆以布为之，此白巾当亦白布所制。又《后汉书·祢衡传》："衡著布单衣疏巾。"似疏巾亦以布为之。居士野人服白葛巾。《后汉书·郭太传》："遇雨，巾一角垫。"注引周迁《舆服杂字》曰："巾以葛为之，形如帩，音口洽反，本居士野人所服，魏武造帩，其巾乃废，今国子学生服焉，以白纱为之。"至汉末王公名士，以幅巾为雅，其巾或以白缣为之。《晋书》卷二十五《舆服志》："按汉末王公名士，多委王服，以幅巾为雅，是以袁绍崔钧之徒，虽为将帅，皆著缣巾。"《后汉书·孔融传》："又融为九列，不遵朝仪，秃巾微行。"巾之制大概为长方形，广为布或帛一幅之阔，长至多为阔之一倍，横蒙于头上。《晋书·舆服志》："巾以葛为之，形如帢而横著之。"结其前二角于头后，后二角交压于前二角之下，垂于项，成燕尾状。本略张开，遇雨而贴紧，故《后汉书》谓郭太遇雨而巾一角垫。《说文》："垫，下也，溺也。"至《郭太传》所谓："时人乃故折巾一角，以为林宗巾。"又梁冀作折上巾，亦折巾之一角。《后汉书·梁冀传》："冀亦改易舆服之制，作……折上巾。"李贤注："盖折其巾之上角也。"则似故意将后二角之一，折入内少许，是否待考。彭山陶俑中男子首五件，头上蒙巾，巾之一方前罩额上，其前二角交于头后作结及后二角交压于二角之下垂项作燕尾之状，至为分明。

四 頍

周代士庶人冠缁布冠时，其内有頍。頍一名缺项，以缁布为之，围于发际，两端结合为一，其结处谓之缉，缉犹结也。頍圈上沿，有四缀以固冠，其下沿左右有缨，以青色之组为之，下结于颐下，缨无缕。《仪礼·士冠礼》："缁布冠缺项，青组缨，属于缺。"郑注："缺，读如有頍者弁之頍。缁布冠无笄者，著頍围发际，结项中，隅为四缀以固冠也。项中有缉，亦由固頍为之耳。"赘继公《仪礼集说》卷："缺项者，别以缁布一条围冠。"《礼记·杂记》："大白冠缁布之冠皆不蕤。"张惠言《仪礼图》卷一作頍之想像图大致不误，然采贾疏，谓頍之两头皆为缉，别以绳穿缉中结之，然后頍得牢固，似不必如此之烦。《礼经》及郑注均无两端有缉以绳穿之之文，疑两端自相结合，即为缉耳。又頍为吉时之服，丧时之首绖，与頍制相似，惟隅无四缀耳。《仪礼·丧服》："苴绖杖绞带。"郑注："首绖像缁布冠之缺项。"

五　帻

帻一名缲，一名帕，而帻为通名，《广雅》："缲，帕，帻也。"帕字各本作帉，从王念孙《广雅疏证》改正。其制由頍演变而出，故郑注《士冠礼》曰："今未冠笄者著卷帻，頍象之所生也。"《后汉书·舆服志》曰："古者有冠无帻，其戴也，加首有頍，所以安物。故诗曰：'有頍者弁'，此之谓也。三代之世，法制滋彰，下至战国，文武并用。秦雄诸侯，乃加其武将首饰为绛袙，以表贵贱，其后稍稍作颜题。汉兴，续其颜，却摞之，施巾连题，却覆之，今丧帻是其制也。名之曰帻，帻者，赜也，头首严赜也。至孝文乃高颜题，续之为耳，崇其巾为屋，合后施收，上下群臣贵贱皆服之。文者长耳，武者短耳，称其冠也。尚书赜收方三寸，名曰纳言，示以忠正显近职也。"此段叙帻之衍变，颇为明晰。盖周代頍制，如上段所述，本以固冠。大概至战国之时，去其四缀与缨，惟以布一条，围于发际，至秦时，将布圈前部，稍稍加宽，下罩于额。所谓颜题，皆额之意。《诗·鄘风》："子之清扬，扬且之颜也。"毛传："扬且之颜，广扬而额角丰满。"《方言》："颟，额，颜，颡也。"《说文》："题，额也。"汉兴，圈前部更加宽，罩额愈下，所谓续其颜是也。却摞之者，按《广韵》："却，退也。"《集韵》："摞，理也。"疑将罩额之沿，略退入内，露出一窄条，使成为纯缘之状。复以布一幅，缝合于圈之前部，却覆于后，以盖头顶，覆顶之布谓之巾。《方言》"覆结谓之帻巾"即此物，与上节之幅巾不同。全物则谓之帻。至孝文时，将帻圈前部，自上加高，下续为双耳。覆顶之巾亦加高而凸起，谓之屋。帻圈后部缝合，其处施一小片布，谓之收。贵贱皆服之，以耳之短长别文武，尚书帻后部之收方三寸。又《舆服志》刘注引《独断》曰："帻，古者卑贱执事不冠者之所服也。董仲舒《止雨书》曰：'执事者皆赤帻，知不冠者之所服也。'元帝额有壮发，不欲使人见，始进帻服之，群臣皆随焉，然尚无巾。故言'王莽秃，帻施屋。'冠进贤者宜长耳，冠惠文者宜短耳，各随其宜。"此与《舆服志》本文略异，以为尊者服帻，始于元帝，不始于秦时或文帝时，帻上施巾，崇巾为屋，始于王莽，不始于汉初及文帝时，此惟时代之别，于帻制之演变，固无异议。（《后汉书·五行志》："延熹中，梁冀诛后，京师帻颜短耳长，短上长下。"此帻制之又一小变。）据两《汉书》所载，卑贱者服帻，多不冠，尊者则帻而加冠。《汉书·东方朔传》叙孝武帝幸馆陶公主家，召见董偃，偃绿帻傅韝，主赞主家庖人臣偃，昧死再拜谒，乃赐衣冠引上殿。颜师古注："绿帻，贱人之服也。"此卑贱者单著帻之证。《后汉书·礼仪志下》："佐吏以下，布衣冠帻，经带无过三寸，临庭中。武吏布帻大冠。……走卒皆布襦帻。……公卿以下，子弟凡三百人，皆素帻，委貌冠衣，素裳。校尉三人，皆赤帻不冠。"此明谓贱者单著帻，稍尊者则冠帻并著。《后汉书·鲁丕传》："特赐冠帻履袜，衣一袭。"又《梁冀传》："冀亦改易舆服之制，作埤帻狭冠。"又《朱儁传》："时同郡周规辟公府，当行，假郡库钱百万以为冠帻费。"又《南匈奴传》："弟左贤王莫立，帝遣使者……遗冠帻。"以上皆冠帻并称，明并著之也。其不加冠者，谓之"袒帻"，惟微行或简易时服之。《汉书·成帝纪》："上始为微行出。"张晏曰："白衣袒帻……若微贱之所为，故曰微行。"《汉书·五行志》："成帝……好为微行出游，选从期门郎有材力者及私奴客，多至十余，少五六人，皆白衣袒帻。"师古注"袒帻，不加上冠"。《后汉书·马援传》："而简易若是。"注引《东观记》曰："时上在宣德殿南庑下袒帻坐，故云简易也。"然在某数种仪式中，文武官皆免冠著帻。《晋书·舆服志》："救日蚀，文武官皆免冠著帻。……汉仪，立秋日猎，服缃帻。"至孔融"秃巾微行"，注云："谓不加帻。"则帻至汉末，似为朝官之常服矣。据《后汉书》及《晋书·舆服志》，帻凡五种：

（一）汉初帻——续其颜，却摞之，施巾连题，却覆之。

（二）加屋帻——高颜题，续之为耳，崇其巾为屋，合后施收。

（三）介帻——长耳，文官所服。（《晋书·舆服志》引《汉注》曰："冠进贤者宜长耳，今介帻也。"）此当与第一种或第二种相似，惟耳略长。

（四）平上帻——短耳，武官所服。（《晋书·舆服志》引《汉注》曰："冠惠文者宜短耳，今平上帻也。"）谓之平上帻，当无屋，疑与第一种相似。

（五）纳言帻——帻后收方三寸，此当与第二种相似。

此外，皂衣群吏春服青帻，武吏服赤帻（见《后汉书·舆服志》）。斋，绀帻；耕，青帻；秋貙刘，服绯帻（《后汉书·舆服志》注引《汉旧仪》）。皆以颜色为别，形式似无大异也。

汉石刻中所见帻之种类，为分于下：

（一）平上帻——顶平。

（二）圆顶帻——顶上作圆形。

（三）山形顶帻——顶上作山状。

（四）加屋帻一——屋作长方形。

（五）加屋帻二——屋作尖角形。

彭山陶俑中之帻，有以下八种：

（一）平上帻一——有颜题，施巾连题，却覆于后，巾之后半自帻圈后部穿出，垂于项，成三角形或燕尾形。顶上平，前圆后方，略显角形，似帻内横笄之状。

（二）平上帻二——与第一种相似，惟顶上帻巾，满布皱折，后二角歧出，似双丫之状。

（三）圆顶帻一——帻圈前窄后宽，合后施收，覆顶之巾前后与圈缝合，顶上作圆状。

（四）圆顶帻二——如第三种，惟项上加勒带一条。

（五）尖顶帻——似圆顶帻，惟顶较平，中高起，作尖状。

（六）加屋帻一——帻圈如圆顶帻，合后施收，覆顶之帻巾，前后缝合，上崇为屋，自前至后，作长方形。

（七）加屋帻二——如第六种，惟后无收，帻屋自左至右，作长圆形。

（八）加屋帻三——如第六种，惟收突起如结，帻屋作三角形。

六　帽

《晋书·舆服志》："帽名犹冠也，义取于蒙覆其首，其本缅也。古者冠无帻，冠下有缅，以缯为之。后世施帻于冠，因或裁缦为帽，自乘舆宴居下至庶人无爵者皆服之。……时江左野人已著帽，人士亦往往而然，但其顶圆耳，后乃高其屋云。"按：《释名》："帽，冒也。"此与《晋志》所谓蒙覆其首义同。《晋志》所谓缅，非周代韬发之缅，乃汉代帻梁之缅。（说见缅一段，《晋志》疑周缅与汉缅同。）所谓"古者冠无帻，冠下有缅"明古时缅为承冠之用，与颊之用处同。似颊而裁其缨，上又有顶以冒发，则所谓帽，与帻固无分别，特《晋志》之意，以为后世施帻以承冠，帽则单著之耳。然汉代单著帻之例甚多，则《晋志》所谓帽，即汉代所谓帻也。惠士奇曰："古曰缅，汉曰帻，晋宋曰帽。"（惠士奇《礼说》）此言最为扼要。晋时所谓圆顶帽、高屋帽，亦即汉代之圆顶帻、高屋帻也。彭山陶俑中，惟有笠帽一种，与帻不类。

七　冠

周时所谓冠，有玄冠、缁布冠二种，玄冠自天子至于士通服之，缁布冠自诸侯至于庶人通服之（参看张惠言《仪礼图·冕弁冠服表》）。二者之制不同，分述于下：

（一）玄冠：玄冠亦名委貌。《士冠礼》："主人玄冠。"郑注："玄冠，委貌也。"又："委貌，周道也。章甫，殷道也。毋追，夏后氏之道也。"郑注："或谓委貌为玄冠。"《后汉书·舆服志》刘注引《石渠论》戴圣曰："玄冠，委貌也。"以玄色帛为之。诗疏："帛为玄冠。"其围于发际一圈谓之武，亦谓之冠卷。《礼记·玉藻》："缟冠玄武，子姓之冠也。"郑注："武，冠卷也。"自前至后作穹隆状者谓之冠（全物亦谓之冠，盖由此得名），亦谓之冠梁。《礼记·玉藻》："缟冠玄武。"郑注："古者冠卷殊。"又："居冠属武。"郑注："著冠于武。"皆冠与武相对而言，明为两物。江永《乡党图考》卷五《冠考》："冠以梁得名，冠圈谓之武，梁属于武。"梁广二寸。江永《冠考》："梁之广无正文，丧冠广二寸，见《丧服篇》贾疏，则吉冠当亦如之。"自前至后，皱折无数，谓之辟积，辟积皆缝之使平，谓之衡缝。《礼记·檀弓上》："古者冠缩缝，今也衡缝。"郑注："衡读为横，今冠横缝，以其辟积多。"张惠言《仪礼图》一："冠既为辟积，非缝之则不能平次，所谓缩缝横缝者，皆谓缝其辟积耳。"两边有缘，谓之纰。《礼记·玉藻》："缟冠素纰。"郑注："纰，缘边也。"亦谓之纯。《曲礼》："为人子者。父母存，冠衣不纯素。"郑注："纯，缘也。"梁之长大概尺余，前后缝于武上，成穹隆之状。江永《冠考》："冠形穹隆，当长尺有数寸。"按：帛为柔物，内当有衬物，或制成冠后，濯之浆中，则变坚硬。冠卷成圆形，冠梁成穹隆之状。其缝法，梁之两头在冠卷上，从外向内，及屈而缝之，缝处不露于外。江永《冠考》："吉冠之梁，两头皆在武上，从外向内，反屈而缝之，不见其毕。"在冠卷之左右，缝二组缘，下垂而结于颔下，谓之缨。《仪礼·士冠礼》郑注："无笄者，缨而结其绦。"《礼记·玉藻》："玄武縬组缨，士之齐冠也。"《释名》："缨，颈也，自上而下系于颈也。"于缨之两端，加丝组为饰，谓之緌。《礼记·内则》："冠緌缨。"郑注："緌，缨之饰也。"张惠言《仪礼图》一："疑緌者，别为丝组，既结缨，乃著于缨之两端，故《内则》曰：'冠緌缨'，为三事也。"张惠言作玄武图，兹摹于右（图略）。

以上为吉冠之制。居丧在成服以后有丧冠。若斩衰之丧，则以绳一条，屈为冠卷，垂下为缨，以麻布为冠梁。梁广二寸，从左至右，作三直折，谓之缩缝。梁之两头，在冠卷下，自内出外，反屈而缝之，缝处露于外，谓之外毕或外纰。《仪礼·丧服》："冠绳，缨条属，右缝，冠六升，外毕。"郑注："属犹著也。通屈一条绳为武，垂下为缨，著之冠也。……外毕者，冠前后屈而出缝于武也。"贾疏："谓将一条绳从额上约之，至项后交过。两厢各至耳，为武缀之，各垂于颐下结之，武缨各上属著冠，冠广二寸，落顶，前后两头皆在武下，乡外出，反屈之，缝于武而为之两头，缝毕向外，故云外毕。"《仪礼·既夕》："冠六升，外纰，缨条属厌。"郑注："纰，谓缝著于武也。外之者，外其余也。缨条属者，通屈一条绳为武，垂下为缨，属之冠。"《礼记·杂记》上："丧冠条属，以别吉凶。"郑注："条属者，通屈一条绳若布为武，垂下为缨，属之冠。"《礼记·檀弓上》："古者冠缩缝，今也衡缝，故丧冠之反吉，非古也。"郑注："丧冠缩缝，古冠耳。"江永《冠考》："丧冠三辟积，于二寸之梁上缩缝之。"若齐衰之丧，则冠卷及缨均以布为之。杨复《仪礼图》卷十一："齐衰冠同斩衰冠，惟绳武绳缨改为布武布缨。"小功以下之丧，冠梁之三辟积向左。《礼记·杂记》上："三年之练冠，亦条属右缝，小功以下左。"

既祥之后，则冠制反吉，同于玄冠，惟用缟为之，以素缘之，以白色示丧服未满而已。《礼记·玉藻》："缟冠素纰，既祥之冠也。"

（二）缁布冠：缁布冠以黑色之布为之。《礼记·郊特牲》："太古冠布，齐则缁之。"其始也，仅有穹隆之冠梁，以缺项（即頍）为冠卷，其后乃有冠卷而去缺项。张惠言《仪礼图》一引戴东原曰："古者冠无武，缺项，武之始也，是以惟缁布冠有之。"后王之制，有冠卷而去缺项，制如玄冠，但略小。《诗·小雅》："彼都人士，台笠缁撮。"毛传："缁撮，缁布冠也。"疏："缁布冠制小，故云撮。"无缘，冠卷无缨。张惠言《仪礼图》一："太古冠未必有纯。"冠之前曰前，冠之后曰项。《士冠礼》："宾右手执项，左手执前进容。"张惠言作缁布冠图，摹之于下（略）。缁布冠虽为诸侯至庶人之通服，然自士以上，冠讫不复著，惟庶人常著之（参看聂崇义《三礼图》），故此实为周代最通行之首服。

汉代之冠，据《后汉书·舆服志》所载，有以下21种：

（一）冕冠：垂旒，前后邃延玉藻，广七寸，长尺二寸，前圆后方，天子诸侯公卿所服。

（二）长冠：亦名斋冠，亦名刘氏冠，高七寸，广三寸，促漆纚为之，制如板，以竹为里，祀宗庙诸祀所服，爵在公乘以上者得服之，《汉书·高帝纪》："爵非公乘以上，毋得冠刘氏冠。"

（三）委貌冠：长七寸，高四寸，制如覆杯，前高广，后卑锐，以皁绢为之，行大射礼于辟雍，公卿诸侯大夫行礼者所服。

（四）皮弁冠：与委貌冠同制，行大射礼于辟雍，执事者所服。

（五）爵弁：一名冕，广八寸，长尺二寸，如爵形，前小后大，缯其上，似爵头色，有收持筓，祠天地五郊明堂，云翘舞乐人服之。

（六）通天冠：高九寸，正竖顶，少邪却，乃直下，为铁卷梁，前有山展筒为述，乘舆所常服。

（七）远游冠：制如通天，有展筒横之于前，无山述，诸王所服。

（八）高山冠：一曰侧注，制如通天，邪不却，直竖，无山述展筒，中外官谒者仆射所服。

（九）进贤冠：古缁布冠，文儒者之服。前高七寸，后高三寸，长八寸。公侯三梁，中二千石以下至博士两梁，自博士以下至小吏私学弟子皆一梁，宗室刘氏亦两梁。

（十）法冠：一曰柱后，一曰惠文，高五寸，以缅为展筒，铁柱卷，执法者服之。

（十一）武冠：一曰武弁大冠，诸武官服之。

（十二）赵惠文冠：又名鵔鸃冠，武冠加貂尾饰，侍中中常侍服之。

（十三）建华冠：以铁为柱卷，贯大铜珠九枚，制似缕鹿，天地五郊明堂，育命舞乐人服之。

（十四）方山冠：似进贤，以五采縠为之，祠宗庙，太子八佾四时五行乐人服之。

（十五）巧士冠：高七寸，前后相通，直竖，不常服，惟郊天，黄门从官四人服之。

（十六）却非冠：制似长冠，下促，宫殿门吏仆射冠之，负赤幡，青翅燕尾。

（十七）却敌冠：前高四寸，通长四寸，后高三寸，制似进贤，卫士服之。

（十八）樊哙冠：广九寸，高七寸，前后出各四寸，制似冕，司马殿门大难卫士服之。

（十九）术氏冠：前圆，吴制，差池逦迤四重，汉时不施用。

（二十）鹖冠：武冠加双鹖尾竖左右，五官、左右虎贲、羽林五中郎将、羽林左右监及虎贲武骑皆服之。

（二十一）小冠：令长服之。（刘注引《古今注》："建武十三年，初令令长皆小冠。"《汉书·杜钦传》："乃为小冠，高广财二寸。"）

冠皆有缨蕤，惟鹖冠环缨无蕤。

以上所述，多天子诸侯公卿之首服，不在本文讨论之列，然有数事堪注意者：

（1）长冠促漆纚为之，以竹为里。《汉书·高帝纪》："以竹皮为冠。"师古注："竹皮，荀皮。"通天冠、远游冠、高山冠皆有铁卷梁，法冠、建华冠有铁柱卷，大概汉代之冠，多加衬托之物，如漆布竹皮金属之类，故汉代石刻上之冠，多作方棱之状。

（2）进贤冠为古缁布冠之遗，然有三梁、二梁、一梁之分（《后汉书》卷六十八《法雄传》称海贼张伯路冠五梁冠，乃故为异制）。乐人所服方山冠及卫士所服却敌冠制似之。按缁布冠为古庶人常著之服，本只一梁，汉代小吏仿之。《士冠礼》郑注："缁布冠，今小吏冠，其遗像也。"贵者则加两梁三梁为别。汉代石刻中所见之冠，多为一梁，惟梁方折，不作穹隆形而已。

（3）冠皆有缨。按周代缁布冠无缨者，以纮属于颊。汉代以帻代颊，帻无缨，故冠宜有缨也。在汉代石刻及彭山陶俑中，不见缨之迹，或石刻及俑雕制简略，细微之处，不能表现耳。

（4）汉代之委貌冠与皮弁冠同制，与古时委貌为玄冠者迥异。

汉代石刻中所常见之冠，计有以下五种：

（一）冠梁方折顶平者；

（二）冠梁方折顶作斜平状者；

（三）平顶或斜平顶前有招者；

（四）冠梁作三角形者；

（五）顶作山形者。

在彭山陶俑中，惟得戴冠者一人，冠梁作三角形。

八　弁

周代自天子至于士，有爵弁、皮弁、韦弁之服。参看张惠言《仪礼图》一关于弁一段及《冕弁冠服表》。《释名》："弁，如两手相合抃时也。以爵韦为之，谓之爵弁；以鹿皮为之，谓之皮弁；以𫄸韦为之，谓之韦弁也。"所谓如两手相合抃时者，盖如合手之形，下大上小。

任大椿《弁服释例》皮弁服下："考《释名》以皮弁为合手之形，下广上锐。其制当取鹿皮一幅分解之，每片广头向下，狭头向上，片片缝合，自成合手锐顶之状。缝中曰会，盖皮之分解者，必以箴功会合之也。"戴于头上，横笄为固，笄以玉或象为之。以组系于笄之左端，绕颐下，屈而上系于笄之右端。此组缭谓之纮，纮之两端垂为饰。《士冠礼》："皮弁笄，爵弁笄，缁组纮纁边。"郑注："笄，今之簪，有笄者，屈组为纮，垂为饰，……纁边，组侧赤也。"胡培翚正义："天子诸侯以玉为笄，大夫以下盖用象为之，丧事则栉笄榛笄。……"按：有笄者为爵弁皮弁也。二弁有笄，加冠后，以笄横贯之以固冠。用组为纮，以一条系于笄左头，绕颐下，自右屈向上，仰属于弁，系之有余，因垂为饰。张惠言作弁图及笄图，摹之于下（略）。此天子之弁，士弁同，惟无会上之玉。汉代之皮弁冠，制如覆杯，前高广，后卑锐，似与两手合抃之形稍异，《汉书·王莽传》所谓"皮弁素积"及"群臣始冠麟韦之弁"，大概皆仿古制为之。在汉代石刻及彭山陶俑中，未见戴弁者。

九　冠弁——皮冠

在爵弁、韦弁、皮弁之外，别有冠弁，孙诒让谓为皮冠，以加于冠上者，田猎时服之。《周礼·春官·司服》："凡甸，冠弁服。"孙氏正义：“此王四时常田之服，盖玄冠而加弁也。此弁与爵弁、韦弁、皮弁不同，即所谓皮冠。《孟子·万章篇》：‘万章曰，敢问招虞人何以？曰，以皮冠。’赵注云：‘皮冠，弁也。’孔广森云：‘《左传》：责卫侯不释皮冠，楚灵王雨雪皮冠，右尹子革夕，王见之，去冠。皮冠可释可去，则必别有一物加于冠上矣。’按：皮冠，盖犹方相氏之蒙熊皮，孔谓别有一物加于冠上，其说近是。”皮冠之制未详。彭山陶俑中有胡人吹笛一像，头上所戴，非冠非帻，疑为皮冠。但胡人之皮冠，或与中国古代皮冠之制不同耳。

十　瑱

瑱一名充耳，以玉或美石为之。周代自天子至于士服冕弁者，以纮系于固冕弁之笄之两端，下悬瑱当耳。《仪礼·士丧礼》：“用白纩。”郑注：“瑱，充耳。”《诗·卫风·淇奥》：“充耳琇莹。”毛传：“充耳谓之瑱，琇莹，美石也。天子玉瑱，诸侯以石。”《诗·小雅》：“彼都人士，充耳琇实。”毛传：“琇，美石也。”郑笺：“言以美石为瑱。”《诗·齐风·著》：“充耳以素乎而，尚之以琼华乎而。充耳以青乎而，尚之以琼莹乎而，充耳以黄乎而，尚之以琼英乎而。”毛传：“素，象瑱，琼华，美石，士之服也。青，青玉。琼莹，石似玉，卿大夫之服也。黄，黄玉。琼英，美石似玉者，人君之服也。”郑笺：“我视君子，则以素为充耳，谓所以悬瑱者，或名为纮，织之，人君五色，臣则三色而已。此言素者，自所先见而云。尚犹饰也。饰之以琼华者，谓悬瑱之末，所谓瑱也。人君以玉为之。琼华，石色似琼也。青，纮之青。黄，纮之黄。”按：毛既以美石释琼华、琼莹、琼英，意谓为悬当耳之瑱，则不当更以素为象瑱，青为青玉，黄为黄玉，无一瑱而玉或象又加石之理。郑以悬瑱之纮释素青黄，其说较胜。马瑞辰《毛诗传笺通释》卷九从孔广森说，谓素青黄为素色、青色、黄色之纩，大如丸，悬冠两旁当耳，下乃缀以瑱，引《大戴礼记》及《西京赋》薛综注为证。然以纩充耳，为死者之制，生人有玉石瑱，似不必更用纩，故不从孔马二家之说。《释名》："瑱，镇也，悬当耳旁，不欲使人妄听，自镇重也。或曰充耳，充，塞也，塞耳亦所以止听也。"若居丧，小祥后以角为瑱。《礼记·檀弓》："练角瑱。"郑注："小祥后以角为之。"若死者，则以白纩塞于耳中，不用玉石，亦无纮悬。《仪礼·士丧礼》："瑱用白纩。"郑注："纩，新绵。"又："记曰，瑱塞耳，谓无纮悬。"《仪礼·既夕》："瑱塞耳。"郑注："塞，充窒。"汉代石刻中所画周王像及东王公像，耳旁似悬瑱，彭山陶俑中无悬瑱之迹。

十一 穿耳

男子穿耳之俗，惟夷狄有之，穿后垂以金宝璎珠等物，汉人似无习。《后汉书·文苑列传》杜笃《论都赋》："若夫文身鼻饮缓耳之主，椎结左衽镶锅之君。"李贤注："镶音渠吕反。《山海经》曰：'神武罗穿耳以镶。'郭璞注云：'金银器之名，未详形制。'锅音牛于反。《埤苍》曰：'锅，锯也。'案今夷狄好穿耳，以垂金宝等，此并谓夷狄之君长也。"《后汉书·东夷传》："马韩人……惟重璎珠，以缀衣为饰，及悬颈垂耳。"《后汉书·南蛮传》："其珠崖儋耳二郡在海州上，……其渠帅贵长耳，皆穿而缒之，垂肩三寸。"彭山陶俑中有三件男子像，两耳穿而附珰，不知其解。

第二节　女子首饰[①]

一　发髻

1. 韬发之纚

周代女子有纚韬发，其制一如男子之纚，以黑缯为之，长六尺，广二尺二寸。《礼记·内则》："妇事舅姑，如事父母，鸡初鸣，咸盥漱，栉縰笄总。"又："故妾虽老，年未满五十，必与五日之御。将御者，……栉縰笄总。"《仪礼·士昏礼》："姆纚笄宵衣。"郑注："纚，韬发。……纚亦广充幅，长六尺。"胡氏正义引郝氏云："纚，黑缯裹发也。"至汉代关于女子裹发之纚，无明文记载。然彭山陶俑中有女子以巾裹发之状，或为纚之遗制（详下巾一段）。

2. 总——束发

周代女子以练缯束发，谓之总，如男子束发之制，束其本而垂练缯之末，垂者长尺二寸。其居丧，则易以布总。斩衰之总，垂者长六寸，齐衰大功长八寸，小功缌麻长一尺。《仪礼·丧服》："女子子在室为父，布总……"郑注："总，束发。谓之总者，既束其本，又总其末。"《仪礼·丧服》："总六升，长六寸。"贾疏："此斩衰长六寸，……大功当与齐同八寸，小功缌麻同一尺，吉总当尺二寸，与笄同也。"程瑶田谓总为以帕绕以，又疑如近时之勒子，均非是。程瑶田《仪礼丧服足征记·述总》："据《内则》栉縰笄总之次，盖栉而后縰，徒而后笄，笄则纚成矣。乃以帕围绕所束之发，结其末而垂之，令不飞蓬，故谓之总，然则鬠必去纚，纚，韬发者也。纚去则紒露，示露紒礼也。必加总者，总用布，其不以覆紒明矣，岂如今之勒子与？"彭山陶俑

[①]　女子者，指已笄之女子而言。

中女子梳高髻者，多以缯束发之本，结于髻后，殆周代总之遗像与。

3. 髻——结发

周代女子结发之制，大概亦如男子，结一髻于头顶上。至汉代而髻之式样甚多，如后汉长安城中好高髻。《后汉书·马廖传》："长安语曰，城中好高髻，四方高一尺。"明德马皇后为四起大髻。《后汉书·明德马皇后纪》注引《东观纪》："明帝马皇后美发，为四起大髻，但以发成，尚有余，绕髻三匝。"梁冀妻孙寿作堕马髻。《后汉书·梁冀传》："寿色美而善为妖态，作愁眉，啼妆堕马髻。"注引《风俗通》："堕马髻者，侧在一边。"又古《陌上桑》诗："头上倭堕髻。"倭堕者，缓而下坠之意，亦堕马髻之遗。汉石刻中所见女子之髻，多分为数环状，危立头上。彭山陶俑中所见女子之髻，则分以下九种：

（一）于头顶后部，将发盘成圈状低髻，发本贯圈之前后。

（二）将发于头上拢为高髻，以缯束发之本，结于髻后，再以发末于髻旁曲成环形，纳其末于束缯之内。髻或以巾蒙之，同为缯所束，则于髻旁曲为环形者，为巾之一角而非发末。髻后束处有皱折，两鬓松缓。

（三）高髻束缯如第二种，更加一勒子，前罩于额，后于头后正中髻下作一小结，再引束发之缯之一端出于勒子之外，挂于髻之左旁（疑此处有笄以挂缯），下垂至鬓以为饰。

（四）如第三种，惟无勒子，两鬓特松缓。

（五）梳高髻，以缯束发之本，结于髻后。并加一勒子，前罩于额，后结于髻下，垂其余于项上为饰，再以窄巾一条，穿髻而出，于髻之左右曲成环状，交于髻后，两端更曲成凹状，垂于项，其末向上，纳入髻旁两环之内。

（六）如第五种，惟勒子之垂余不见。穿髻之巾，交于髻后，其左端曲成凹形，垂于项，右端不曲，直垂于项为饰。或髻两旁不成双环，但高耸如两角状。或巾两端均直于项，不成凹形。

（七）于头顶上梳长圆形高髻。

（八）于头顶上梳圆形低髻，有两角，似横笄之状。

（九）于头顶上梳圆形高髻。

4. 安发之笄

女子安发之笄，自士妻以上，以象或玉为之，长尺二寸。《礼记·内则》："妇事舅姑……栉縰笄总。"郑注："笄，今簪也。"《仪礼·丧服》："吉笄尺二寸。……吉笄者象笄也。"贾疏："吉时，大夫与士妻用象，天子诸侯之后夫人用玉。"其制当与男子安发之笄同。若丧笄，则以竹或木为之，长一尺。《仪礼·丧服》："箭笄长尺。"《礼记·檀弓上》："盖榛以为笄，长尺而总八寸。"彭山陶俑中有女子像四件，顶上作双角状，明为横笄安发之制。

5. 髽——露紒

縰笄为周代女子之常服，自王后至于士妻皆服之（参看张惠言《仪礼图·妇人服表》），若去縰而露紒，则谓之髽，丧时之首服也。《礼记·檀弓上》："鲁妇人之髽而吊也，自败于台鲐始也。"郑注："去縰而紒曰髽。"《礼记·奔丧》："妇人奔丧，……东髽。"郑注："去縰大紒曰髽。"盖女子居斩衰之丧，自小敛时起至成服以前，去笄与縰，以麻代吉时之总，束发之本，结发为髻，再以麻自项而前，交于额上，却绕髻，使之固，如男子髻发之制，此制谓之麻髽，若居齐衰之丧，则以布代麻，如男子冕之制，谓之布髽，自成服时以至终丧，则去自项而前交额绕髻之麻或布，束发之总，悉易以布，再加笄以安髻。斩衰布总垂六寸，以小竹为笄，谓之布总箭笄之髽。齐衰布总垂八寸，以栉之木或榛木为笄，谓之布总恶笄之髽。笄各长一尺。《仪礼·丧服》："女子子在室为父，布总箭笄髽，衰三年。"郑注："箭笄，篠竹也，髽露，紒也，犹男子之括发。斩衰括发以麻，则髽亦用麻也，盖以麻自项而前，交于额上，却绕紒，如著幓头焉。"《仪礼·士丧礼》："妇人髽于室。"郑注："今言髽者，亦去笄纚而紒也。……既去纚而以发为大紒，如今妇人露紒，其像也。……其用麻布亦如著糁头然。"《礼记·丧服小记》："男子免而妇人髽。"孔疏："妇人将斩衰者，于男子括发之时，则以麻为髽。齐衰者，于男子免时，则以布为髽。"《仪礼·丧服》："总六升，长六寸，箭笄长尺。"郑注："长六寸，谓出紒后所垂为饰也。"又："妇为舅姑，恶笄有首，以髽卒哭。……传曰，……恶笄者，栉笄也。"郑注："栉笄者，以栉之木为笄，或曰榛笄。"《礼记·檀弓上》："南宫绦之妻之姑之丧，夫人诲之髽曰，尔勿从从尔，尔勿扈扈尔，盖榛以为笄，长尺而总八寸。"郑注："总，束发，垂为饰，齐衰之总八寸。"程瑶田《仪礼丧服足征记·述髽》："髽，妇人丧结去纚之通名，对吉时首服著纚名髳者而言之也。有去笄之髽，有著笄之髽。去笄之髽，犹男子之括发免，未成服时之制也。著笄之髽，犹男子之冠缨，既成服时之制也。是故布总箭笄之髽，斩丧之髽也，于男子则冠绳缨也，《丧服》所谓布总箭笄髽衰三年是也。布总榛笄之髽，齐衰之髽也，于男子则冠布缨也。《檀弓》记夫子诲南宫绦之妻丧姑之髽，所谓榛以为笄，长尺而总八寸，《丧服小记》所谓恶笄有首以髽，传以栉笄释恶笄，注言或曰榛笄是也，斯皆既成服时之髽也。若夫未成服时之髽，在《士丧礼》卒敛彻帷之后，则曰主人髻发袒，众主人免于房，妇人髽于室。在《丧服小记》，则曰男子免而妇人髽，是髽犹男子之髻发免，所谓去笄纚而紒者也，是为髽中之一事。"按：《士丧礼》郑注谓髽如今妇人露紒，似妇人露紒之制，在汉时颇能行，前髽一段所述自彭山陶俑所见九种不同之髽，或均为露紒，亦未可知。

6. 椎髻

汉代女子亦有椎髻者，盖贱者之服，《后汉书·梁鸿传》载孟光对梁鸿曰："妾自有隐居之服。""乃更为椎髻，著布衣，操作而前。"明椎髻乃操作者之首服也。彭山陶俑中有女子拱立像一件，明为椎髻之形。

7. 鬟

鬟为《说文》新附字，释为总发，又云"按古妇人首饰，琢玉为两环。"据此则鬟有二义，一为束发，一为发上所加玉饰。《晋书·五行志》谓"惠帝元康中，……妇人结发者既成，以缯急束其环，名曰撷子䯼。"此所谓环，似为发环而非玉环。后汉辛延年《羽林郎》诗："胡姬年十五，春日独当垆。……两鬟何窈窕，一世良所无。一鬟五百万，两鬟千万余"，所谓"两鬟何窈窕"，似以形容发鬟之美，而"一鬟五百万，两鬟千万余"，则言鬟上所附珠玉饰物之价值。鬟之制古籍无明文，疑束发作环形谓之鬟。乐浪出土之漆画玳瑁小匣（《乐浪》图版107）上所画女子，头上有一鬟者，成都所出汉画像砖乐舞图坐而宴饮之妇人及起舞之女子头上均有双鬟。彭山陶俑中有一件头上两角作圆球状，似亦双鬟之制，又有以巾曲成两环者。

8. 卷发

《诗·小雅·都人士》："彼君子女，卷发如虿。"郑笺："虿，螫虫也，尾末捷然，似妇人发末曲上卷然。"《诗·小雅·采绿》："予发曲局，薄言归沐。"毛传："局，卷也。妇人夫不在则不容饰。"郑笺："礼，妇人在夫家，笄象笄，今曲卷其发，忧思之甚也。"《礼记·杂记下》："女虽未许嫁，年二十而笄，礼之，妇人执其礼，燕则鬈首。"是既笄之女子于未嫁或夫不在时，则去笄，卷发而燕居，惜其制不详，汉石刻及彭山陶俑中均不见卷发之迹。

9. 髦

周代女子亦有髦，详男子首饰髦一段。

10. 副、编、次、被——假䯼

周代贵妇人之首服，有副，有编，有次，有被。副者，编发为之，上加珠玉金银之饰。编者，亦编发为之，上不加饰。次者，次第他发与己发相合为紒。被亦名鬃髢，亦取他发为饰，与次相似，而其制异。四者虽名称制度各殊，而其为假紒则一。《周礼·天官·追师》："掌王后之首服，为副编次，追衡笄。为九嫔及外内命妇之首服，以待祭祀宾客。"郑注："副之言覆，所以覆首为之饰，其遗像若今步摇矣。……编，编列发为之，其遗像若今假紒矣。……次，次第发长短为之，所谓鬃髢。"孙诒让正义："《释名·释首饰》云：'王后首饰曰副。副，覆也，以覆首。亦言副，贰也，兼用众物，成其饰也。'……案依后郑说副列众物为饰，与编次惟以发为之者异，盖首饰之最华者。《释名·释首饰》云：'步摇，上有垂珠，步则摇动也。'《后汉书·舆服志》云：'皇后谒庙服……假结，步摇，簪珥。以黄金为山题，贯白珠为桂枝相缪，一爵九华，熊，虎，赤罴，天鹿，辟邪，南山丰大特六兽，诗所谓副笄六珈者。'此并汉时步摇之饰。……周制质朴，未必尽如汉法，但副为首饰加于紒上，则与步摇约略相似，故郑举以况义耳。……惠士奇云：'汉之假髻，亦名为副。故《广雅·释器》云，假结谓之髲。副以发为之，故从髟。然则副与编一物也。饰之盛者为副，其次为编与。'……《君子偕老》疏云：'编，列他发为之，假作紒形，加于首上。次者，亦鬄他发，与己发相合为紒，是编次所以异也。'戴震云：'郑注礼，合次与鬃髢为一。其笺诗，又合被与鬃髢为一。被之次次，恐未然也。三翟之首服副，鞠衣展衣之首服编，禄衣之首服次。《君子偕老》之次章，上言其之翟也，下言鬒发如云，不屑髢也。笺曰，髢，髲也，不絜者，不用鬄为善。髢被古字通用，然则诗之被，乃所谓髢，不在副编次之数。'……按：戴金（金指金榜）并谓被别为首服，在副编次之下，缅之上。……义致精确，张惠言说同。"马瑞辰《毛诗传笺通释》释《诗·采蘩》被之僮僮句曰："按《说文》髲鬄二字转相训，鬄亦作髢。《释名》：'髲，被也。发少者得以被助其发也。鬄，剔也，剔刑人之发为之也。'左氏哀公七年传：'公见已氏之妻发美，使髢之以为吕姜髢。'是被亦取他人之发以为饰。被取被覆之义，与副之训覆义近，则亦为假纷，但其制各有不同耳。《士昏礼》：'女次纯衣纁袡，女从者缬笄被。'以被与次对言，则被非即次可知，郑君合被次为一，误矣。"

王念孙《广雅疏证·释器》："副之异于编次者，副有衡笄六珈以为饰，而编次无之，其实副与编次，皆取他人之发合已发以为结，则皆是假结也。"汉代皇后服假纷，盖犹古时王后之副。《后汉书·舆服志》："皇后谒庙服，……假结，步摇，簪珥。"《后汉书·东平宪王苍传》："今送光烈皇后假纷帛巾各一。"李贤注："副，妇人首服，三辅谓之假纷。"又《续汉志》所谓贵人公主之"大手结"，亦为假纷，然《后汉书·马廖传》所载："长安语曰，城中好高髻，四方高一尺。"高一尺或为夸大之词，但高髻必以假发为之，是汉代假纷之制，亦通行于民间矣。孙诒让《周礼正义·天官·追师》"掌王后之首服"下引林颐山云："城中好高髻，四方高一尺，亦指假髻而言。因其真髻上又覆以假髻，髻高近于一尺。"

所谓假纷，疑不仅以他发为之，其内或有衬物。《晋书·五行志上》："太元中，公主妇女，必缓鬓倾髻，以为盛饰。用发既多，不可恒戴，乃先于木及笼上装之，名曰假髻，或名假头。至于贫家，不能自办，自号无头，就人借头，遂布天下。"此以木或竹笼为衬。遁园居士《客座赘语》卷五引《建业风俗记》："又今留都妇女之饰在首者，翟冠七品，命妇服之，古谓之副，又曰步摇。其常服戴于发者，或以金银丝，或马尾，或以纱帽之。有冠，有丫髻，有云髻，俗或曰假髻。制始于汉晋之大手髻，郑玄之所谓假髻，唐人之所谓义髻也。以铁丝织为圜，外编以发，高视髻之半，罩于髻而以簪绾之，名曰鼓，在汉曰蔮鬏簂，疑类于《周礼》之所谓编也。"按：汉之蔮鬏簂，为太皇太后、皇太后入庙之首服，与皇后之假结同。虽不必如《建业风俗记》所云，以铁丝为圈，外编以发。然戴于首上，欲其高而轻，必非仅以发为之，其内当有衬物，汉代男子之冠，以漆布竹皮金属物为衬，则女子之假纷，或亦以此等物为衬也。汉石刻中女子之高髻，有如华冠，疑皆假纷之制。彭山陶俑中所见女子之髻，疑为假纷者，有以下三种：

（一）髻高而薄，危立头上，宽竟头。

（二）髻高而薄，危立头上，左角显折叠之状，前达于额，髻后或分歧成双丫形。

（三）头上梳高髻，以缯束之，髻旁双丫高耸，其内或有假发。

二　簂

簂亦名恢，亦名颒，亦名帼。《释名·释首饰》："簂，恢也，恢廓覆发上也。鲁人曰颒，颒，倾也，著之倾近前也。齐人曰帼，饰形貌也。"《广雅》："簂谓之帼。"字亦作帼。《后汉书·乌桓传》："妇人至嫁时乃养发，分为髻，著勾决，饰以金碧，犹中国有簂步摇。"李贤注："簂音吉悔反，字或为帼，妇人首饰也。"按《释名》谓鲁人呼簂为颒，郑注《士冠礼》，亦曰："滕薛名簂为颒，"（颒当作簂）则簂之与颒，必有相似之处。颒之制为缁布一圈，围于发际，疑簂亦为圈发之物。《后汉书·舆服志》谓："公、卿、列侯、中二千石、二千石夫人，绀缯簂。"明簂为帛所制，卑者或以布制，与颒同，然《释名》谓簂恢廓覆发上，又谓著之倾近前，似其制又与帻相似。疑帻与簂均自颒出，帻续其颜题，使前罩额，顶上加帻巾与屋。簂亦续其颜题。使圈前半较宽，罩于额上，后半较窄，勒于头后，如勒子之状。惟顶上无帻巾以覆之，故髻与假纷，皆出簂上。以巾裹髻而兼著簂者，则谓之巾帼。《魏志·明帝纪》注引《魏氏春秋》云："诸葛亮遣使致巾帼妇人之饰，以怒宣王。"有假纷及其附加之饰物并兼著簂者，则谓之翦氂簂或簂步摇。彭山陶俑中女子像所戴类似勒子之物者，疑为簂也。

三 衡笄——假纷之笄

周代贵妇人服副编次者，有笄以持之，谓之衡笄，省言之谓之衡，与安发之笄不同。《诗·庸风》："君子偕老，副笄六珈。"毛传："副者，后夫人之首饰，编发为之。笄，衡笄也。"《周礼·天官·追师》："掌王后之首服，为副编次，追衡笄。"郑注："王后之衡笄，皆以玉为之，惟祭服有衡，垂于副之两旁，当耳，其下以纮悬瑱。"孙诒让正义："陈奂谓妇人有副笄，有假缫笄。维持缫者，谓之缫笄，维持副者，谓之副笄。副笄用衡笄，缫笄不用衡笄。金鹗亦谓笄有二，云安发之笄，《士丧礼》谓之鬠笄，鬠之笄为言会也，发所聚会也，固冠之笄，谓之衡笄，衡之为言横也，横之于首也。连言曰衡笄，单言曰衡，一也。……《士昏特牲礼》：妇人服有缫笄宵衣。缫笄即持发之笄，盖妇人之常服，至卑者即以缫笄为首服，《丧服小记》所谓男子冠而妇人笄也。自此以上，更加他首服，则亦别著笄，故服副者有副笄，以此推之，则服编次者，亦当有编笄次笄，是为衡笄。女子副编次而著笄，犹男子冕弁而著笄，故女子虽不冠，而不害其有衡笄也。《国语·楚语》：'司马子期欲以其妾为内子。访之左史倚相曰，吾有妾而愿，欲笄之，其可乎？'韦注云：'笄，内子首服衡笄也。'是衡笄惟内子乃得著，妾则否也。列国之卿服玄冕，内子当服编展衣，则楚语之衡笄，当即编笄，明不第副有笄也，若缫笄，则女子十五以上之常服，通于贵贱，不必内子矣。窃谓王后首服，亦当有缫笄衡笄，此经衡笄，自是二笄，衡即副编次之笄，笄则缫笄也，副编次笄尊，故特称为衡，缫笄卑，故不别制名耳。"汉代安髻结之横簪，即周代衡笄之遗。《后汉书·舆服志》："太皇太后、皇太后入庙服，……簪以玳瑁为摘，长一尺，端为华胜，上为凤凰爵，以翡翠为毛羽，下有白珠，垂黄金镊。左右一横簪之，以安髻结，诸簪珥皆同制，其摘有等级焉。""公卿列侯中二千石二千石夫人，绀缯帼，黄金龙首衔白珠鱼须擿，长一尺，为簪珥。"武梁祠画像之西王母及彭山所出墓砖之西王母像，两耳旁均似有垂珥之状，其系统以垂珥者或为衡笄。

四 巾

女子之著巾，或出于古代之纚。但纚以韬发而结为髻，巾则待髻成后裹之，其用稍不同。《诗·郑风》："缟衣綦巾。"毛传谓綦巾为女服，郑笺谓为作者之妻之服。此所谓巾，当系头巾而非佩巾。汉肃宗赐东平琅邪两王光烈皇后假纷帛巾各一，诸葛亮遗司马懿巾帼妇人之饰，以巾与假纷及帼连文，尤足证明为头巾。又《汉书·周勃传》："文帝朝，太后以冒絮提文帝。"注引晋灼曰："《巴蜀异志》谓头上巾为冒絮。"师古曰："冒，覆也，老人所以覆其头。"《后汉书·列女传》称曹操赐蔡文姬以头巾履袜，则妇人之有头巾明矣。彭山陶俑中所见女子之著巾者，凡分五种：

（一）以巾裹髻，前罩额上，双髻发露于巾外，顶前面稍低，中凹入二道，后面较高耸，略成双丫状。

（二）如第一种，惟顶后部歧出双丫之形，更为显著，于左丫之下，现巾末结成如环之状。

（三）如第一种，惟顶后部歧出双丫之形，更为显著，并加一勒子，前勒于额，罩于巾下，后勒于头后。

（四）以巾蒙首而裹之，前罩于额，后包于项，顶上平，歧出双角，示巾内横笄安发之状。

（五）以巾蒙首而裹之，前垂于两肩，后包于项。

五 幧头

幧头以一幅帛或布为之，即巾也。惟其著法，自后横陌而前，交于额上，却绕髻，与巾之包髻者不同，《汉书·周勃传》“太后以冒絮提文帝”之冒絮，晋灼释为头上巾，应劭释为陌额絮，陌额即陌头，幓头之别名。可见汉人于幓头及巾，不严加分别，而女子亦可著幓头，于斯可证矣。彭山陶俑中有一件女子首，著幓头，与男子著幓头之制同，惟后面一条，勒于项上，较男子之勒于头后者，位置稍低，髻式亦略不同。

六　缨

周代女子许嫁，系有缨，既嫁，由其夫亲脱之，缨以五采为之，其制不详。《礼记·曲礼上》：“女子许嫁缨。”郑注：“女子许嫁系缨，有从人之端也。”《仪礼·士昏礼》：“主人入，亲说妇之缨。”郑注：“妇人十五许嫁，笄而礼之，因著缨，明有系也。盖以五采为之，其制未闻。”然大概系于头上，姑次于此以俟考。

七　瑱珥

周代贵妇人有瑱，以统系于衡笄之两端而悬于耳旁，如男子悬瑱之制。《周礼·天官·追师》：“追衡笄。”郑注：“惟祭服有衡，垂于副之两旁，当耳，其下以统悬瑱。”《诗·鄘风·君子偕老》：“玉之瑱也。”毛传：“瑱，塞耳也。”至战国秦汉之时，妇人有珥，其制与瑱同。《说文》：“珥，瑱也，以玉充耳。”《战国策》：“齐王夫人死，有七孺子者皆近，薛公欲知王所欲立，乃献七珥，美其一，明日视美珥所在，劝王立为夫人。”《吴越春秋》：“八年，僚遣公子伐楚，大败楚师，因迎故太子建母于郑，郑君送建母珠玉簪珥。欲以解杀建之过。”《史记·外戚世家》：“帝谴责钩弋夫人，夫人脱簪珥叩头。”《汉书·东方朔传》：“主乃下殿去簪珥。”《后汉书·和熹邓皇后纪》：“诸姬贵人，竞自修整，簪珥光采，袿裳鲜明。”《后汉书·舆服志》：“太皇太后、皇太后入庙服，……翦氂簂簪珥。……皇后谒庙服，……假结步摇簪珥。……贵人助蚕服，……大手结墨玳瑁，又加簪珥。……长公主见会，衣服，加步摇，公主大手结，皆簪珥。……公卿列侯中二千石二千石夫人，绀缯蔮，黄金龙首衔白珠鱼须摘，长一尺，为簪珥。"以上自《吴越春秋》以下凡九条，皆簪珥连文，《续汉志》五条，且皆与步摇假纷或蔮有关，是知簪者，古之衡笄，珥者，当为悬于衡笄两端之瑱也。武梁祠画像中之西王母，两耳旁有垂珥之状。彭山所出墓砖之西王母像，冕之两旁下垂过耳，亦似为珥。

八 珰

穿耳施珠为饰曰珰，其制起于蛮夷，中国女子效之。《释名·释首饰》："穿耳施珠曰珰，此本出于蛮夷所为也。蛮夷妇女轻浮好走，故以此珰锤之也，今中国人效之耳。"（亦见《太平御览》）前人或误以珥与珰为一物。如《汉书·王莽传上》："珠珥在耳。"颜师古注《东方朔传》："珥，珠玉饰耳者也。"皆以珥为珰。然《续汉志》谓"太皇太后、皇太后入庙服，……翦氂蔮簪珥，耳珰垂珠。……皇后谒庙服，……假结步摇簪珥，……金题白珠珰。"又曹子建《洛神赋》："珥瑶碧之华琚，……献江南之明珰。"皆珥与珰并举，则珥之非珰明矣。穿耳施珠之俗，不知于何时传入中国。在汉代则贵贱皆行之。故太皇太后、皇太后皇后谒庙并施珰，《魏志·武宣卞皇后纪》："太祖常得名珰数具，命后自选一具，后取其中者。太祖问其故，对曰：'取其上者为贪，取其下者为伪，故取其中者。'"是珰之为饰，通行于宫中。于辛延年《羽林郎》诗："胡姬年十五，春日独当垆。……头上蓝田玉，耳后大秦珠。"古《陌上桑》诗："头上倭堕髻，耳中明月珠。"《古诗为焦仲卿妻作》："腰若流纨素，耳著明月珰。"《吴志·诸葛恪传》裴松之注引恪别传："恪答曰，母之于女，恩爱至矣，穿耳附珠，何伤于仁？"是珰亦通行于民间矣。彭山陶俑中女子像带珰者甚多，但皆附于耳上而不垂，犹有二种：

（一）作珠状，附于耳前。

（二）作圆杆状，穿于耳前后。

第三节　童子首饰

一　发

1. 鬌——髻

周代男女幼小之时，剪发为鬌，男角女羁。《礼记·内则》："三月之末，择日剪发为鬌，男角女羁，否则男左女右。"郑注："鬌，所遗发也。夹囟曰角，午达曰羁也。"角与羁之制，详男子首饰髦一段。鬌在汉代亦谓之髻。《说文》："髻，小儿垂结也。"《后汉书·周燮传》："始在髫髻而知廉让。"李贤注："髻，发也。"又《伏湛传》："髫发厉志。"李贤注："髫发，谓童子垂发也。"彭山陶俑中童子垂发者，皆垂于两鬓及额上正中。

2. 髦

男女稍长大，至能服役之时，或亦著髦如成人。《礼记·内则》："男女未冠笄者，鸡初鸣，咸盥漱，栉縰，拂髦。"

髦之制与幼时之髫髻同。

3. 总角

周时男女幼小者，收发而束于头顶之两旁，如角形，谓之总角。《礼记·内则》："男女未冠笄者，……总角。"郑注："总角，收发结之。"《诗·齐风·甫田》："总角丱兮。"毛传："总角，聚两髦也。丱，幼稚也。"马瑞辰《毛诗传笺通释》卷九："按张参《五经文字》：'丱，工瓦切，羊角也，象形。俗呼古患切，作丱，无中丨。又丱，古患反，见《诗风》。'是张参所见《毛诗》作丱，唐《石经》定本俱作丱，与张参说合。《周礼·丱人》正义亦曰：‘经所云丱，是总角之丱字。’是知今《毛诗》作丱者，俗也。丱当即丫之。《说文》：‘丫，羊角也，象形，读若菲。’又：‘羊，祥也，从丫，象头角足尾之形。’又：‘萑，鸱属，从隹，从丫，有毛角。’《玉篇》：‘丫，羊角也，丫丫两角儿。’是古字从丫者，多作丱，又皆象头角之形。此诗‘总角丱兮’丱亦象两角之儿。”《诗·卫风·氓》：“总角之宴。”毛传：“总角，结发也。”郑笺：“我为童女未笄，结发宴然之时。”

其束发以朱锦。《礼记·玉藻》：“童子之节也。……锦束发，皆朱锦也。”孔疏：“锦束发者，以锦为总而束发也。”近时幼小男女，犹于头顶两旁收发，以朱丝绳束之，盖古代总角之遗也。然彭山陶俑所见童子头上有角形者，皆只一角，且多在左旁，亦有在右旁及正中者。疑《内则》所谓“男左女右”，以指总角，非谓髦也。髦者，垂发至眉，若男左女右，则奇形异状矣。

4. 辫发

辫发本胡俗，然在晚周时已传入中国。洛阳金村所出二铜制童子持鸟柱像，均为辫发（《洛阳金村古墓聚英》图版三一、三二）。彭山陶俑中有童子首一，发于头后分三股下垂，或亦以示辫发也。

二　缅与缠头帕

《礼记·内则》：“男女未冠笄者……栉縰。”按：缅以韬发而结之，童子不结发，何得有缅？疑所谓缅，乃以一幅缯或布缠头，似帩头之制，惟不绕髻耳。童子年幼，故不妨露发，犹如汉代童子著空顶帻也。彭山陶俑中之童子像，有缠头者。

三　帻

《仪礼·士冠礼》郑注：“今未冠笄者著卷帻，颏象之所生也。”

所谓卷帻者，大概有圈而无顶，与頰制相似。《后汉书·舆服志》："入学小童帻也。勾卷屋者，示尚幼小，未远冒也。"所谓勾卷屋，当即卷帻之意，言未远冒者，明无覆顶之帻巾也。《续汉志》及《晋书·舆服志》均谓童子帻无屋，无屋者，即无顶之意，亦名半头帻或空顶帻。《后汉书·刘盆子传》："侠卿为制绛单衣，半头赤帻。"李贤注："帻，巾所以覆髻也。《续汉书》曰：'童子帻无屋，示未成人也。'半头帻即空顶帻也，其上无屋，故以为名。……《东宫故事》曰：'太子有空顶帻一枚'，即半头帻之制也。"武梁祠画像中孔子见老子像，孔子老子中间之童子，鲁义妇故事中鲁义妇之亲子，以及梁节姑姊故事中之姑姊儿及长妇儿，皆似戴帻，顶平上，明其上无突起之屋，惜不能见是否空顶耳。近世小儿戴箍帽，或犹卷帻之遗。

结　论

自周至汉首饰制度，略如上述。总之，中国古代思想，身体发肤，受之父母，不敢毁伤，故作为緟巾冠弁衣裳带祎袆鞁袜屦等物，以护持之，勿使外露，其露体者，皆变服也。故有丧则露发而袒，以示哀戚。养老则袒而割牲，以示卑下。侯氏入觐，则右袒以请刑，请降则肉袒，请罪则免冠肉袒，以未僇辱。披发露纷，则为夷狄。著幓头露发，则为贱者。迄于汉代，此风未替，故汉画像中除卑贱执事及乐舞百戏之人，鲜有露体者。至六朝隋唐之雕刻画像，始以有露体为美者，盖西方艺术流风所及，非中土之故习也。

（本文原为曾昭燏1379在德国柏林国家博物馆实习时写的论文，1985年发表在《南京博物院集刊》第8期上。）

从彭山陶俑中所见汉代服饰

一、总　论

　　1941～1942年，中央研究院历史语言研究所和中央博物院筹备处（南京博物院前身）合作，在四川成都西南的彭山县发掘汉代的崖墓和砖墓。所得的遗物中，陶俑是很重要的一批材料，其中比较完好的（全身完好或部分完好）有200余件，残片则近3000件。这批材料，当时只匆匆地作了记录，后来拣选较完好的，运回中央博物院筹备处保存。那时候中央博物院筹备处在四川南溪县李庄镇，1945年8月胜利以后，准备复员还都，一切标本都得装箱。笔者因为是彭山发掘工作人员之一，对于这批东西，不得不作一个初步的整理。当时只想简单的分一下类，并作一大略的描写。后来因为感觉描写并不是一件太简单的事，尤其许多俑所著的服饰，很难定一个适当的名称。因此不得不翻检图籍，参考斟酌。参阅图书的结果，对于汉代的服饰，便发生了兴趣，尽管知道所得的材料，无论是文献上的还是实物上的，都十分的缺乏，但一日之得，也似乎不无些微的贡献，因此写出这篇文章来，求教大方。

　　研究汉代服饰，本不是件容易的事。汉代的书籍，如《说文》、《方言》、《释名》以及古经的注释，对于服饰的记载，是那样的喜欢望文生义，并没有留下个图样来做说明（《隋书·经籍志》载有郑玄、阮谌等所撰的《三礼图》九卷，早已亡佚）。想要从抽象的而且不详明的文字中，体会出实际的而繁复的物像来，几乎是不可能的。汉代传世的图画，确是不少。山东、河南、四川等地的画像石（包括祠堂墙壁、墓壁、神道、棺墙等），各地所出的画像墓砖，东北的墓中壁画，乐浪、长沙等地所出的彩绘人物漆器（长沙古墓所出漆器，许多人认为是战国时楚国的东西，但按各器的式样纹饰等等，和其他汉墓所出的东西作风纯相同，似乎以归与汉代为宜），以及各家旧藏的带人物图像的铜器，真是蔚为大观。从这些东西上所画的人物像中，可以对汉代的衣冠制度，得一个比较清楚的观念。但是这些图画，不是平面，便是浅浮雕，所表现的人物，不是正面，便是侧面或背面，所以他们的衣饰，也只能显出一面来，无法窥见全豹。要想知道整个的形状和结构，那只有在立体的东西上去寻找了。

　　立体的东西，当然首推雕刻，但是汉代立体雕刻的人像，存世的并不多。以石刻而论，大半是建筑物的附属装饰品，露在外面，原来雕得就不算太精，再经两千年风雨的侵蚀，人力的摧残，使这些人像所著的衣饰，只能显出简略的轮廓，各部分较详的形式却不能表现出来。如嵩山太室庙前石人，曲阜鲁王墓前石人，四川渠县沈府君神道承檐石人，以及四川各地崖墓墓门上所刻石人，就是很好的例子。除了雕刻以外，其次就要推铸或塑的造像了。汉代金属的造像，也和雕刻一样，传世甚少，而且大半是附属于其他物件上的东西，所以在衣饰上也没有什么详细的表现，像西仑《中国古代艺术史》图版三十三的三人乘车像和图版四十的悬灯上九个小人像，即是例子。至于汉代塑像，传世最多的，要推陶俑。以俑随葬的风气，在汉代本很盛行，上自天子，下至最小的官吏，甚而至于一部分庶民，为着想要自己或自己的亲人在另一个世界里享受安逸的生活，所以做出许多的俑来，代表着门下小吏、侍从奴仆和乐戏百技的人，作为陪葬的东西。俑也有用木制的，但木制要一件一件的雕刻，费工太多，不像陶俑用模制，可以大量生产。而且俑模大概是用木雕或用泥雕再加烧的，人体外表的各部分，都表现得相当清楚，要研究汉代的服饰，这是最好的材料。近年来洛阳、长安等地，所出陶俑，多得不可胜数，其中属于汉代的，必定不少，而四川各地所出，据知道的，也在几千以上。这些珍贵的材料，笔者可惜没有时间也没有机会来一一地观摩。如今只凭着彭山一地所出的少数的俑，来写此文，挂一漏万，在所不免。但希望能因此而引起海内学人对这个问题的兴趣，笔者便算是"功不唐捐"了。

作者研究彭山陶俑，首先遇着一个困难问题，便是如何分别男女。在文明世界里，分别男女的方法，最简便的是看他们头式和衣服的不同，但是现在我们所要讨论的，即是头式和衣服的问题，断不能倒果为因。在彭山陶俑中，有不少是用相当高明的技术塑成的，男、女和小孩的不同，从他们的面貌，一下就可分辨出来，有些还把女性身体柔美的线条，表现得相当清楚。但这种例子究竟不多。普通的俑，面貌是那么千篇一律而且公式化，还有些原来就做得模糊，有些做好后又受损坏；他们的衣裳，又都是那么宽袍大袖，身体的线条，不能表现出来，这类的俑是很难分辨男女的，遇着这种情形，惟有从旁的方面来辨认，例如喂奶的自然可以断定是女子，佩刀剑的则大半是男子。把一些可以辨别男女的俑排列起来，我们发现男女的衣裳，样式大致相同。而男女的头式，却有很大的差别。于是我们把头式分成甲乙两类，每类又分成若干种，再把不能辨别男女的俑一个一个来观察，头式属于甲类任何一种的即算男子，属于乙类任何一种的即算女子，用这种方法，算是把俑男女问题大致解决了，然而有少数几件还是有疑问的，笔者考虑很久，勉强定了，但不敢说一定没有错误。

　　还有一个困难问题，前面已经约略提过，便是如何能使实物和文献互相印证。换句话说，就是我们看到俑所著的某一种东西，怎么能够知道这种东西在文献上叫做什么名称。当然有些东西是一见就能认识，例如衣就是衣，裳就是裳，带就是带，这没有什么疑问。但是衣有许多不同的种类，裳有长短内外的不同，带有大带革带的分别，这都得拿文献和实物来参证考订。最复杂的还是头式，例如男子头上所戴的，有帻头，有巾，有帻，有冠；女子头上所戴的，有篐，也有巾和帻头。辨认这些东西，惟一的方法，就是把它们逐件仔细地观察，看它们在人头上是什么样子，假设把它们拿下来平放在桌上，又是什么样子；再把古书所记载的男女头上所戴东西，仔细研读一切关于它们的解释和描写，揣摩它们的形状，还参证一些清代人所作的图，如张惠言的《仪礼图》等，两相比较。凡文献上描写和实物的形状相符合的，可以说是一件东西。这是一种很麻烦很艰苦的工作，但惟有用这种方法，才能找出结果来。说到这里，笔者不能不提到日本原田淑人博士所写的《汉六の服饰》一书。原田博士这本书出版于1937年，那时笔者还没有注意到这个题目。直到抗战胜利回到南京以后，才找着这本书来看了一遍，发现了自己以前所做的工作，有许多与原田博士的学说不谋而合，可知用同一的方法从事考证，其结果也往往一样；笔者一面感觉到欣慰，一方面也增加自己对于使用这种研究方法的信心。不过原田博士此书还不够详尽，有几处笔者也不尽能同意，但是说到以文献实物互相比证来研究服饰，这种筚路蓝缕之功，到底是不可埋没的。

现在即根据上面所说的方法，把陶俑的服饰，分类叙述讨论如次。

二、男子头式

（一）发髻

汉代成年的男子，是将头发结在头上成髻的（髻也叫做纷，见《三礼》郑注）。所以《汉书》卷五十四《李广传》说："且臣结发而与匈奴战。"颜师古注："言始胜冠即在战陈。"又《古诗》："结发为夫妻，恩爱两不疑。"《文选》卷三李善注："结发，始成人也，谓男年二十，女年十五时，取笄冠为义也。"

发髻的结成，有三个步骤：第一是束发，将头发梳好以后，用东西把发根缠了；第二是结发，将已束的发，在头上结成髻；第三是安发，用簪子将发髻稳住。这三个步骤，在彭山陶俑上都有实据。

彭山陶俑上所见束发的痕迹，都在人脑后正中，位置约当两耳的上缘，下面突起，明是头发束后向上覆所成的松垂之状。在汉代画像石上，许多人后颈上现突起的形状，大概和陶俑有同样的意义。近代日本和东北女人束发的方法，是将头顶上的发根缠了，成一大束，再将后颈上的发缠了，成一小束，将小束上覆到顶上，与大束相合，再结成髻，因此颈上的头发，总是呈松而突起的形状。很可能古代男女束发的方法，也是如此，不过头顶上大束的缠束之处看不见而已。至于缠束发根用什么东西，在古书上有记载。《礼记·内则》："子事父母，鸡初鸣，咸盥漱，栉纚笄总。"郑玄注："总，束发也，垂后为饰。"孔颖达疏："总者，裂练缯为之，束发之本，垂余于髻后，故以为饰也。"《仪礼·士丧礼》："髻用组。"郑玄注："用组，组束发也。"以上是说古人束发，生时用练缯（煮熟过的绸子）撕裂成的条，死后用丝织成的条。看彭山陶俑束发的地方那种高起的情形，似乎是用粗的丝条缠了两三道，但丝条的两端，并未垂在后面为饰，大概藏到头发里面去了。

彭山陶俑中所见男子的髻有两种，一是头发盘在头顶上所结成的髻，一是头发盘在后脑上所结成的髻，二者都成圆形。汉代还有一种椎髻，上尖如椎状，本是夷狄的风俗。《汉书》卷四十三《陆贾传》："尉佗魋结箕踞见贾。"服虔注："魋音椎，今兵士椎头髻也。"师古注："结，读曰髻。椎髻者，一撮之髻，其形如椎。"《汉书》卷五十四《李陵传》谓李陵卫律两人皆"胡服椎结"，又卷九十五《西南夷传》："此皆椎结"，两传的师古注都和《陆贾传》注同。又《后汉书》卷一百十六《西南夷传》称"其人皆椎结左衽"。由这些记载，可以知汉代匈奴、南越、西南夷，都有椎髻的习惯，而中国的兵士仿效他们。这个风气也传到民间。在彭山陶俑中，没有看见有椎髻的，但彭山所出带图像的墓砖中，有两个烧饭的人像，似乎是椎髻。又武梁祠画像中邢渠哺父故事和董永故事的渠父和永父以及范赎兄考头上的髻，都可以说是椎髻。

头发结成髻之后，必须插一根簪子，将髻稳固在头上，这根簪子名叫笄。《礼记·内则》："栉縰笄总。"孔疏引熊氏云："此笄谓安发之笄，以縰韬发，作髻既讫，横施此笄于髻中以固发也。"所谓"横施此笄于髻中"，表明笄是横插的。彭山陶俑中男子著巾的几件，巾里面有二角，在头的左右，似乎是横笄的痕迹。按古书所载周代的制度，普通所用的笄是骨制的，长在四寸以上，插在死人头上的笄是桑木制的，长四寸。笄的形状，两头大，中间小，这见于《仪礼》和它的注疏。《仪礼·士丧礼》："髺笄用桑，长四寸，纋中。"郑玄注："长四寸，不冠故也，纋笄之中央以安发。"贾公彦疏："凡笄有二种。一是安发之笄，男子妇人俱有，即此笄是也。一是为冠笄，皮弁笄，爵弁笄，惟男子有而妇人无也。此二笄皆长，不惟四寸而已。今此笄四寸者，仅取入髻而已。以其男子不冠，冠则笄长矣。……缫笄之中央以安发者，两头阔，中央狭，则于发安。"胡培翚《仪礼正义》卷二十六引蔡德晋云："生时固发之笄，用骨为之，今用桑，变于生也。"在乐浪王吁墓中男子棺内遗尸头部发现玳瑁制笄，长二寸二分。又乐浪石岩里第二〇一号坟中也发现玳瑁制笄，长二寸二分余。这些都是汉代的东西，两头大，中央小，和《仪礼》所记的形状相合。不过周尺合现代的尺约七寸，现代的二寸二分，合周尺只有三寸一分强，较《仪礼》所记的四寸较短而已。

（二）帻头

彭山陶俑中有男子拱立像2件和男子首2件，头上所著的东西，好像是现在西南各地人民所戴的缠头布的模样。著法系将布的中段勒在后脑上，两端在前额相交，再盘在头顶的髻上。这种东西，在汉代叫做帻头。《仪礼·士丧礼》郑注关于髻发与冕的解释，说："此用麻布为之，状如今之著帻头矣。自项中而前，交于额上，却绕紒也。"所谓"自项中而前，交于额上，却绕紒"，正是我们从陶俑中所看见的形状。帻头在汉代还有许多不同的名称。在《方言》里叫做帩头，络头，帕头，鬓带，髳带，帑，帲；在《释名》里叫做绡头，陌头，帑。《释名》还给这三个名称以字义的解，说："绡头，绡，钞也，钞发使上从也。或谓之陌头，言其从后横陌而前也，齐人谓之帑，言敛发使上从也。"所谓"从后横陌而前"又正是我们所见勒在后脑上至前额相交的形状。又叫做貊头。《礼记·问丧》郑注："今时始丧者，邪巾貊头，笄缅之存像也。"又叫做襈头或帩头。《吴越春秋·句践入臣外传》："越王服犊鼻，著襈头。"古《陌上桑》诗："少年见罗敷，脱巾著帩头。"按：这些名称，幧头、绡头、帩头、襩头都是幓头一声之转，帢头、陌头和貊头又是同音通用，它们的意义，《释名》业已加以解释；就是络头、鬓带、羃带三名，也令人一见而知道是缠在头上的东西。比较费解的是帢和帵两单名。何以叫做帢，我们还不知道理由。帵的一名，据胡培翚的说法，是从周代的掩出来的。据《仪礼·士丧礼》，掩是裹在死人头上的东西，用一幅练帛（熟的绸子）做的，长五尺，两头撕开，郑玄解释为什么要把两头撕开，目的是使两头成为四条，把两条结在死者的下颚下，其余两条结在死者的后颈上。胡培翚《仪礼正义》卷二十六说："后世生人幧头之制，亦以帛为之，有似于掩，故名为帵。"按：胡说后世生人幧头，也用帛制，不一定可靠，因为幧头是一般平民所用的，大概是用粗布制，不一定用帛制。不过幧头用一幅布做成，和掩的用一幅帛做成，形制并列分别，所以胡说帵出于掩，应当可信，但幧头是缠在头上，比掩的将头整个的裹着，两端撕开结在颚下的后颈上，又大不同。幧头的著法，大概和古代居丧用麻或布缠头之制偶合，所以郑玄解释髺发与免，以汉代的幓头为比。

　　幓头是汉代平民所用的东西，在许多记载上可以看出。汉赵晔所写的《吴越春秋》，说勾践入臣于吴，服犊鼻，著襩头，表示卑贱服役的意思。《后汉书》卷一百十一《独行列传》称向栩"好被发，著绛绡头。"又卷一百十三《逸民列传》称周党"著短布单衣，谷皮绡头，待见尚书。"这是说向栩、周党二人故为放逸，作平民的装束，以表示和一般朝廷冠带的人不同。又古诗所谓"少年见罗敷，脱巾著帩头"，也表示帩头为一般人的常服。不过需注意的，这个少年，除帩头之外，还戴有巾。在彭山陶俑中，有击鼓乐师2件，额上显帩头相交的痕迹，头顶上又有巾，这真和古诗相印证。大概巾蒙在头上，四角下垂，帩头自后横陌而前，交于额上，将巾的四角缠住，不过帩头的两端，不能再在头顶上绕绉，只能纳入本身缠头时所成的圈圈内。少年见了美貌的罗敷，搔首踟蹰，不知不觉，将头上的巾搔掉，只留着帩头，故云"脱巾著帩头"也。

（三）巾

彭山陶俑有男子首5件，头上都戴有方形或长方形的东西，一边罩在额上，这一边我们称之为前边，两角在头后相交，打成一个整齐的结；它的对边，我们称之为后边，两角交压在这个结下，从结下露出来，成燕尾的形状，垂于人的后颈上。这种东西，无疑的是汉代所谓巾。关于巾的记载很多，但是关于它的形状和结法，却不大详明。《晋书》卷二十五《舆服志》："巾以葛为之，形如帕而横著之。"帕是个什么样子的东西，我们不明了，但是"横著之"，三个字，颇有意思，可能巾是长方形，横蒙在头上的，《后汉书》卷九十八《郭太传》："遇雨，巾一角垫，时人乃故折巾一角，以为林宗巾。"又卷六十四《梁冀传》："冀亦改易舆服之制，作……折上巾。"李贤注："盖折其巾之上角也。"所谓"折一角"，"折上角"，似乎是一件事。大概这时候士大夫巾用葛制，稍带硬性，戴在头上，头左右略靠前的地方自然成两角。遇雨打湿了，一角向下垂，贴紧在头上，现出折的形状，于是时人仿照这个形状，造出所谓折角巾来。彭山陶俑著巾的，头左右都有两角，看角的尖锐情形，我们疑心是安发之笄横在内面的痕迹，但亦可能是巾本身所成。按《玉篇》："巾，佩巾也，本以拭物，后人著之于头。"这是说蒙头的巾，是由古代的佩巾来的，以巾裹头，大概也是平民的装束，所以《释名》说："巾，谨也。二十成人，士冠，庶人巾。"秦汉两代，以巾的颜色，来分别人的身份。例如百姓著黑巾，就叫做黔首。《说文》卷十上："黔，黎也。秦谓民为黔首，谓黑色也，周谓之黎民。一说黑巾蒙首，故谓黔首。"《礼记·祭义》："明命鬼神，以为黔首。"孔疏："黔，谓黑也，凡人以黑巾覆头，故谓之黔首。"按：《史记》云："秦命民黔首"，此纪作在周末秦初，故称黔首。仆隶著青巾，就叫做苍头。《礼记·祭义》孔疏："汉家仆隶谓苍头，以苍巾为饰，异于民也。"《汉书》卷七十二《鲍宣传》："苍头趋儿，皆用致富。"孟康注："汉名奴为苍头，非纯黑，以别于良人也。"臣瓒注："汉仪注，官奴给书记从侍中以下为苍头，青帻。"兵士著青巾的，也叫做苍头或苍头军。《战国策·魏策》苏秦说魏王曰："今窃闻大王之卒，武力二十余万，苍头二十万。"鲍彪注："盖以青帕首。"《史记》卷六十九《苏秦传》秦说魏王亦有"苍头二十万"语。司马贞索隐："谓以青巾裹头，以异于众。"又卷七《项羽本纪》："异军苍头特起。"裴骃集解引应劭曰："苍头，谓士卒皂巾，若赤眉青领，以相别也。"又卷四十八《陈涉世家》："为苍头军起新阳。"韦昭注："军皆著青帽，故曰苍头。"《汉书·陈胜传》："故涓人将军吕臣苍头军。"应劭注："时军皆著青巾，故曰苍头。"汉末起义者著黄色巾，所以被叫做黄巾贼。普通小吏著的似乎是白布巾。《汉书·朱博传》："诸病吏白巾走出府门。"按：汉人所谓白衣，都是白布衣，这里的白巾，应当也是布制。又《后汉书·祢衡传》："衡著布单衣疏巾。"这里的疏巾，似乎也是布制的。后汉时，居士野人喜欢用白色的葛布做巾。《后汉书·郭太传》称太"遇雨，巾一角垫。"李贤注引周迁《舆服杂字》曰："巾以葛为之，形如幭，音口洽反，本居士野人所服，魏武造幧，其巾乃废，今国子学生服焉，以白纱为之。"到后汉末年，一般王公名士，羡慕山林野人的风雅，竟弃去壮严的冠冕，而著一幅简单的巾，这种巾多半是白缣（一种密的绸子）做的。所以《晋书·舆服志》说："按汉末王公名士，多委王服，以幅巾为雅，是以袁绍崔钧之徒，虽为将帅，皆著缣巾。"又《后汉书》卷一百《孔融传》曹操使路粹刻奏孔融的罪状说："又融为九列，不遵朝仪，秃巾微行。"袁绍崔钧之徒，尚且"以幅巾为雅"，像孔融那样放达的人，自然要"秃巾微行"了。

（四）笠

彭山陶俑头上戴的东西，有一种是绕头一个圈圈，上面有突出的边，顶上隆起，形状正和现代人所戴的斗笠相似，我们就叫它做笠。凡戴笠的人，大半是手持箕铲服役的人，古《越谣歌》："君乘车，我戴笠，他日相逢下车揖。"

以乘车和戴笠来表示贵贱的身份，可见笠在古代是平民的首服无疑。

（五）帻

彭山陶俑有一种首服，绕头一个圈圈，上面有顶，顶上或者是平的，或者是圆的，或者一块高起。这种东西，起初不知道是什么，细细一研究，才知道即是汉代所谓的帻。按帻由古代的頍产生，所以《仪礼·士冠礼》郑注说："今未冠笄者著卷帻，頍像之所生也。"頍是衬冠的东西，它的形制，据《士冠礼》郑注说："缁布冠无笄者，著頍围发际，结项中，隅为四缀以固冠也。"张惠言根据郑说，作頍的想像图（见《清经解续编》卷三百十三张惠言《仪礼图》一）。古代的頍，是否果如此图所绘，尚是问题。不过根据郑的"著頍围发际"一语，頍的基本形状为绕头一个圈圈，是没有疑问的。未冠笄者所著的卷帻，是没胡顶的帻，绕头一卷，和頍的形制正是一样，故云"頍像之所生也"。

《后汉书·舆服志》曰："古者有冠无帻，其戴也，加首有頍，所以安物。故诗曰：'有頍者弁'，此之谓也。三代之世，法制滋彰，下至战国，文武并用。秦雄诸侯，乃加其武将首饰为绛袙，以表贵贱，其后稍稍作颜题。汉兴，续其颜，却摞之，施巾连题，却覆之，今丧帻是其制也。名之曰帻，帻者，赜也，头首严赜也。至孝文乃高颜题，续之为耳，崇其巾为屋，合后施收，上下群臣贵贱皆服之。文者长耳，武者短耳，称其冠也。尚书帻收方三寸，名曰纳言，示以忠王显近职也。……未冠童子帻无屋者，示未成人也。入学小童帻也。句卷屋者，示尚幼少，未远冒也。"这一段述帻的衍变，颇为清楚。意思说：古代没有帻，只有承冠的颏，颏的形制，在三代业已记载分明，到战国时，无论文武，都把这种东西戴在头上。秦国强大的时候，武将所戴的是绛色的袙①，用以分别贵贱，后来才渐渐把这种布圈的前部加宽，所谓"作颜题"乃将额加宽之意②。汉代兴起以后，圈的前部更加宽，罩额更下，所以说"续其颜"。"却摞之"一句话，颇为费解。按《广韵》："却，退也。"《集韵》："摞，理也。"似乎是将罩额的下沿，退入内面少许，露出一窄条，使成为一种边缘的形状。再以布一幅，缝合于圈的前部，反盖于后，以覆头顶，这块布叫做巾，《方言》所谓"覆结谓之帻巾"即是这种巾，和以前所讨论的幅巾不同。这整个的东西，就叫做帻。到了孝文皇帝的时候，将帻圈的前部上沿加高，下沿两旁续为双耳。覆顶的巾也加高而凸起，凸起的部分叫做屋。帻圈后面缝合起来，加一小片布，叫做收，群臣无论贵贱都戴这种帻，但以耳的长短分别文武，文的长耳，武的短耳，以和他们所戴的冠相称。尚书所戴的帻后面的收见方三寸，这种帻叫做纳言。童子的帻上面没有凸起的屋，似乎连那块覆顶的帻巾也没有，只一个圈圈，像现代小儿所戴箍箍帽的样子，所以说"句卷屋"，"未远冒"，这又反映到以前所引郑注"今未冠笄者著卷帻"的一句话。

又《舆服志》刘昭注引蔡邕《独断》曰："帻，古者卑贱执事不冠者之所服也。董仲舒《止雨书》曰：'执事者皆赤帻，知不冠者之所服

---

① 袙与帕通，也是一条布，帕在头上的。

② 颜题都是额的意思。《诗·鄘风》："子之清扬，扬且之颜也。"毛传："扬且之颜，广扬而额角丰满。"《方言》："颜，额，颜，颡也。"《说文》："题，额也。"

也。'元帝额有壮发，不欲使人见，始进帻服之，群臣皆随焉，然尚无巾。故言：'王莽秃，帻施屋。'冠进贤者宜长耳，冠惠文者宜短耳，各随其宜。"这段和《舆服志》本文，略有不同。认为帻是卑贱的人所服，尊贵的人戴帻，始于汉元帝，不始于秦时或汉文帝时。帻上有盖顶的巾，巾又高起为屋，始于王莽，不始于汉初和文帝时。这都不过是时代的分别，对于帻制的衍变，由圈圈加顶，由顶高起为屋，并没有什么异议。而《后汉书·五行志》称："延熹中，梁冀诛后，京师帻颜短耳长，短上长下。"这又是帻制的一个小变。

尽管在汉时帻是尊卑共服的东西，但是据两《汉书》零断的记载，卑贱的人有帻无冠，尊贵的人则帻上加冠。《汉书·东方朔传》叙孝武帝幸馆陶公主家，召见董偃，偃"绿帻傅韝，随主前，伏殿下，主乃赞馆陶公主庖人臣偃，昧死再拜谒，因叩头谢，上为之起，有诏赐衣冠上，偃起，走就衣冠。"颜师古注："绿帻，贱人之服也。"按：董偃初服帻，后乃就衣冠，这是卑贱的人单著帻之征。《后汉书·礼仪志下》："佐吏以下，布衣冠帻，经带无过三寸，临庭中。武吏布帻大冠。……走卒皆布裤帻。"这段明明告诉我们卑贱的人单著帻，稍为尊贵的人则冠帻并著。《后汉书》卷五十五《鲁丕传》："特赐冠帻履袜，衣一袭。"又卷六十四《梁冀传》："冀亦改易舆服之制，作埤帻狭冠。"又卷一百一《朱儁传》："时同郡周规辟公府，当行，假郡库钱百万以为冠帻费。"又卷一百十九《南匈奴传》："弟左贤王莫立，帝遣使者……遗冠帻。"以上都是冠帻并称，可见用时也是并著的。

汉代的皇帝有时不加冠而单著帻，这叫做"祖帻"，并非正服，只有在微行时或极端随便时才用。《汉书》卷十《成帝纪》："上始为微行出。"张晏注："白衣祖帻，……若微贱之所为，故曰微行。"《汉书》卷二十七《五行志》："成帝鸿嘉永始之间，好为微行出游，选从期门郎有材力者及私奴客，多至十余，少五六人，皆白衣祖帻。"师古

注："袒帻，不加上冠。"《后汉书》卷五十四《马援传》："援谓光武帝曰：'臣今远来，陛下何知非刺客奸人，而简易若是。'"注引《东观记》："时上在宣德殿南庑下袒帻坐，故云简易也。"汉代文武官员在朝中宴会的时候，多半是冠帻并著，但在某几种仪式中，却免冠著帻。《晋书》卷廿五《舆服志》："救日蚀，文武官皆免冠著帻。"根据上文，这说的仍是汉制。《晋志》又说："汉仪，立秋日猎，服缃帻。"似乎也没有冠。到了汉朝末年，似乎帻是朝官的常服。所以《后汉书》孔融传说融"秃巾微行"，注云："谓不加帻"。以不加帻为不敬，则在此时，帻已取冠的位置了。

据《后汉书·舆服志》和《晋书·舆服志》所载，帻凡5种：

1. 汉初帻——续其颜，却摞之，施巾连题，却覆之。

2. 加屋帻——高颜题，续之为耳，崇其巾为屋，合后施收。

3. 介帻——长耳，文官所服[①]。这大概和第一种或第二种相似，惟耳略长。

4. 平上帻——短耳，武官所服[②]。既然叫做平上帻，上面当然没有凸起的屋，大概和第一种相似。

5. 纳言帻——帻后收方三寸，这大概和第二种相似。

此外据《后汉书·舆服志》："皂衣群吏春服青帻，武吏服赤帻。"又《舆服志》注引《汉旧仪》："斋，绀帻；耕，青帻；秋貙刘，服绯帻。"都是以颜色来分别，在形制上似乎没有什么大不同的。

汉石刻和壁画中所常见的帻，有以下6种：

1. 平上帻——顶平。

2. 圆顶帻——顶上作圆形。

---

① 《晋书·舆服志》引《汉注》曰："冠进贤宜长耳，今介帻也。"

② 《晋书·舆服志》引《汉注》曰："冠惠文者宜短耳，今平上帻也。"

3. 山形顶帻——顶上作山状。

4. 加屋帻一——屋作长方形。

5. 加屋帻二——屋作尖角形。

6. 加屋帻三——顶平，上面加一朵花状的东西。

彭山陶俑中所见的帻，有以下10种：

1. 平上帻一——帻圈前宽后窄，前罩额上，帻巾前半和圈相连，反盖于头顶上，巾的后半自圈后部穿出，垂于人的后颈上，成三角形或燕尾的形状。头顶上平，前圆后方，方处略显有角的形状，似乎是帻内的横笄。

2. 平上帻二——如第一种，但罩额处有条纹，似缘边的形状，帻巾上有皱褶。

3. 平上帻三——如第一种，但顶上的帻巾满布皱褶，后面两角歧出，像双丫的形状。

4. 圆顶帻一——帻圈前窄后宽，合后施收，覆顶的帻巾前后都和圈缝合，顶上作圆状。

5. 圆顶帻二——如第四种，但前罩额处有一条，似缘边的形状，顶上也有周缘两圈。

6. 圆顶帻三——如第四种，但后颈上加勒带一条。

7. 尖顶帻——似圆顶帻，但顶较平，中高起，作尖状。

8. 加屋帻一——帻圈如圆顶帻，合后施收，覆顶的帻巾前后都和圈缝合，顶上高起为屋，屋自前至后作长方形。

9. 加屋帻二——如第八种，但后面无收，帻屋自左至右作长圆形。

10. 加屋帻三——如第八种，但后面的收突起，像打的结一样，帻屋作三角形。

（六）冠

冠和帻不同，帻是布帛所制像软帽一类的东西，冠则似乎是较硬的质料所制成。《后汉书·舆服志》："长冠，亦曰斋冠，高七寸，广三寸，促漆纚为之，制如板，以竹为里。初，高祖微时，以竹皮为之，谓之刘氏冠。……祀宗庙诸祀则冠之。"按高祖微时制冠用竹皮，后来这冠成为祭服，又以漆纚为之①，以竹为里，可见汉代制冠的材料，是需要带硬性的。以冠的形制而论，也必须用带硬性的材料，才能制成。冠有一个圈圈，叫作冠卷，和帻圈有同样的性质。但是在人头顶上的，不是像帻一样有一块巾，而是从前到后的一条梁②。冠梁不一定只一条，《后汉书·舆服志》所记的进贤冠，有三梁的，有两梁的，有一梁的。但一般简单的冠是以一梁为主。这条梁据张惠言所作的缁布冠和玄冠的想像图，都是作穹窿状（图见张惠言《仪礼图》一），而在汉石刻中所见的冠，则多作方折的形状。无论是穹窿状或方折状，必须用带硬性的材料制成，才能保持长久，不至失形。在彭山陶俑中，只有一个戴冠的俑，冠梁作三角形，这种冠在汉代石刻中是常见的。

（七）皮冠

皮冠本是古代田猎之服，和皮弁大概是一种东西。《释名》："弁，如两手相合抃时也。以爵韦为之，谓之爵弁；以鹿皮为之，谓之皮弁；以靺韦为之，谓之韦弁也。"所谓"如两手相合抃时"，大概是像合手之形，下大上小。彭山陶俑中有胡人吹笛一像，头上所戴，非冠非帻，似乎是两片合成的，下大上小，可能是皮冠。

---

① 纚是一种织成的冠材，《说文》卷十三上："纚，冠织也"。

② 参看江永《乡党图考》卷五《冠考》。

三、女子头式

（一）发髻

汉代成年的女子结发成髻，也和男子一样，有三个步骤：第一是束发，第二是结发，第三是安发。这三步骤，在实物上都有证明。彭山陶俑中女子像，有好几件头后呈发束后向上覆所成的松垂之状，只可惜束处没有显出来，还有许多梳高髻的，发本上现出被束紧的形状，被束之处有相当的宽，大概是用一条绸子束的，正是《内则》孔疏所谓"裂练缯束发之本也"。至于安发的笄，也和男子一样，是横插的。彭山陶俑中有女子像4件，头顶上有双角，似以表示横笄安发的形状。又有两件，头顶左侧伸出一角，似乎是笄的一头伸出来。

彭山陶俑中所见女子的髻，式样很多，大致分起来，有以下19种：

1. 圈髻——将发在头后束了，向上一覆，使这发束在头顶的后部成直而斜上状，再盘成圈状，使直而斜上的发束，正贯圈的前后，发束的末端，在圈的下部结藏了。这种圈髻，和三十年前妇女所梳的圈髻相似，必须有一根横笄和好几根钗才能插紧，可惜在这件陶俑上不能看出笄和钗的痕迹。

2. 圆形低髻——在头顶上梳一扁的圆形髻，大致和头相等，有两角，似横笄的痕迹。

3. 圆形髻——在头顶上梳圆形髻，较第二种稍高。

4. 长圆形髻——在头顶上梳长圆形髻。

5. 椎髻——头顶上梳髻如椎状。按：《后汉书·梁鸿传》载孟光对梁鸿曰："妾自有隐者之服"，"乃更为椎髻，著布衣，操作而前"。这表示在汉代女子的椎髻，是操作时所梳的，大概因为容易挽成的缘故。这种髻式，也许和男子的椎髻一样，是从匈奴或南越、西南夷传来的。

6. 宽而薄的高髻——在头顶上梳高而薄的髻，宽和头相等。

7. 折叠高髻一——这种髻高而薄，立在头顶上，左角显折叠的形状。前面有一条，恰到额的上部，似乎也是髻的一部分。

8. 折叠高髻二——如第七种，但髻后分歧成双丫的形状，有些在两鬓各打一结。

9. 折叠高髻三——如第七种，但髻两旁有结，头后有勒带一条，似乎和前面在额上的一条合成为一个勒子。

10. 折叠高髻四——如第七种，但髻前正中有一朵大花为饰。

以上五种髻（第6至第10），看那样高而薄的情形，里面大概有衬的东西，并且衬的东西必定是硬而薄的。按：《晋书》二十七《五行志》上："太元中，公主妇女，必缓鬓倾髻，以为盛饰。用发既多，不可恒戴，乃先于木及笼上装之，名曰假髻，或名假头。至于贫家，不能自办，自号无头，就人借头，遂布天下。"这是说假髻内面用木及笼衬。又遁园居士《客座赘语》卷五引《建业风俗记》：

又今留都妇女之饰在首者，翟冠七品，命妇服之，古谓之副，又曰步摇。其常服戴于发者，或以金银丝，或马尾，或以纱帽之。有冠，有丫髻，有云髻，俗或曰假髻。制始于汉晋之大手髻，郑玄之所谓假髻，唐人之所谓义髻也。以铁丝织为圜，外编以发，高视髻之半，罩于髻而以簪绾之，名曰鼓，在汉曰翦氂簂，疑类于《周礼》之所谓编也。

这是说假髻的内面，用铁丝织成圜为衬物。这两段所记载的，是后代的制度，但其来源都似乎可以上溯到汉代。汉代假髻的衬物，不一定是竹木或铁丝，按：《后汉书·舆服志》所记长冠的制度，以漆纚制成，以竹皮为里，可能女子假髻的衬物，也以漆缅或竹皮为之，至于衬物外面，可能用别人的发，也可能用自己的发。像第6种那样扁髻，似乎是以己发蒙在衬物上梳成的；而第7、8、9、10四种髻，则似乎是用他发和衬物先做成髻以后，再戴到头上去的。关于这个揣测，理由有三：（1）像第7～10那四种髻折叠和弯曲的形状，若纯用己发来梳，恐怕不那么容易得心顺手；（2）第8、9两种额上的一条，和髻相连，似乎是髻的一部分，若是己发，不会有那样的厚；（3）第8种两髻的双结和第9种髻旁的双结与头后的勒带，似作为系住假髻之用的。

　　按假髻的制度，起源甚早。《周礼·天官·追师》①："掌王后之首服，为副编次，追衡笄。"郑玄注："副之言覆，所以覆首为之饰，其遗像若今步摇矣。……编，编列发为之，其遗像若今假绐矣。……次，次第发长短为之，所谓髮髢。"孙诒让《周礼正义》卷十六：

　　　　《释名·释首饰》云："王后首饰曰副。副，覆也，以覆首。亦言副，贰也，兼用众物，成其饰也。"……案依后郑说副列众物为饰，与编次惟以发为之者异，盖首饰之最华者。……惠士奇云："汉之假髻，亦名为副。故《广雅·释器》云：假结谓之髻。副以发为之，故从彡。然则副与编一物也。饰之盛者为副，其次为编与。"……《君子偕老》疏云："编，列他发为之，假作绐形，加于首上。次者，亦髢他发，与己发相合为绐，是编次所以异也。"

　　综合以上几段的意思，是说周代王后的假髻，有副、编、次三种。副是用他发做的假髻，其上加有盛饰，和汉代的步摇相似。编也是用他发做的假髻，上不加饰，即加也是少数。次是用他发与己发合成的髻，

---

　　① 《周礼》虽是战国秦汉几代的人杂合所著的书，但所记载的至少有一部分是周代的制度。像关于首服的记载，还有旁的书可以证明，不可谓全不可信。

除副编次以外，还有被，又名髲鬘，郑康成认为次和被是一样东西，但清代的学者不承认。孙诒让《周礼正义》卷十六：

> 戴震云："郑注礼，合次与髲鬘为一，其笺诗，又合被与髲鬘为一。被之为次，恐未然也。三翟之首服副，鞠衣展衣之首服编，禄衣之首服次。《君子偕老》之次章，上言'其之翟也'，下言'鬒发如云，不屑髢也。'笺曰：'髢，髲也，不絜者，不用髢为善。'髲被古字通用。然则诗之被，乃所谓髢，不在副编次之数"……按：戴金（金指金榜）并谓被别为首服，在副编次之下，缡之上。……义致精确，张惠言说同。

又马瑞辰《毛诗传笺通释》卷三释《诗·采蘩》被之僮僮句：

> 按《说文》髲髢二字转相训，髢亦作髢。《释名》："髲，被也，发少者得以被助其发也。髢，剔也，剔刑人之发为之也。"左氏哀七年传："公见已氏之妻发美，使髡之以为吕姜髢。"是被亦取他人之发以为饰。被取被覆之义，与副之训覆义近，则亦为假纷，但其制各有不同耳。《士昏礼》："女次纯衣纁衻，女从者绡笄被。"以被与次对言，则被非即次可知，郑君合被次为一，误矣。

据以上各家的说法，被为编次以外的东西，殆无疑义。但被也是取他发为假髢，这和编或次的不同在哪里，我们不能知道，大概只是形式的不同，编和次是用以配礼服的，而被不过是家常的首服而已。

在汉代，假髢的制度，通行于宫廷和民间。皇后所戴的假结步摇，就是古代的副。所以《后汉书·舆服志》说："皇后谒庙服，……假结，步摇，簪珥。步摇以黄金为山题，贯白珠为桂枝相缪，一爵九华，熊，虎，赤罴，天鹿，辟邪，南山丰大特六兽，诗所谓'副笄六珈'者。"《后汉书》卷七十二《东平宪王苍传》："今送光烈皇后假纷帛巾各一。"李贤注："副，妇人首服，三辅谓之假纷。"还有《后汉书·舆服志》所记贵人公主的"大手结"，也是一种假髻。又《后汉书》卷五十四《马廖传》："长安语曰：'城中好高髻，四方高一尺。'"林颐山《经述》卷二《释王后·首服编》（见《清经解续编》卷千四百二十九）："城中好高髻，四方高一尺"亦指假髻而言。因其真髻上又覆以假髻，髻高近于一尺。这种高一尺的假髻，是什么样子，我们不知道。武梁祠画像中女子头上，大半拥高鬟如华冠一样，也许就是汉代通行的高髻的样式。

11. 单环高髻——将发在头顶上拢成高髻，用缯帛将发本束了，结于髻后，结的地方髻上有许多皱褶，两鬓相当的松缓。再用结成髻后所剩下来头发的末段，在髻的左旁或右旁曲成环形，将发末纳入束缯的里面，整个的髻便成了。看髻后皱褶的那种形状，似乎髻上有一块巾蒙着，这巾同发一齐于缯内。如果是这样的话，那在髻旁曲为环形的，乃是巾的一角而非发的末端。

12. 垂发（或垂帛）高髻一——在头顶上拢高髻，以缯束结，如第11种。但是没有髻旁的小环，而另外加一勒子，前罩额上，后面在髻的下面正中打一小结。再把结成髻后头发的末段从勒子内引出来，挂在髻的左旁或右旁（髻内大概有根横笄，头发才能挂得住）。下垂到鬓，以为装饰。这垂鬓的发，似成竹节形，或以表示辫发的形状，但更可能的，和第11种一样，髻上或蒙有一巾，而挂在髻旁的东西，不是头发，乃是束发缯帛的一端，故意结成那竹节的形状以为装饰的。

13. 垂发（或垂帛）高髻二——如第12种，但勒子在头后打结后，还有两根飘带似的东西，垂到后头上。挂在髻旁的头发或缯帛是直的，不成竹节形。

14. 垂发（或垂帛）高髻三——如第12种，但没有勒子，两鬓特别的松缓。

15. 双环高髻一——在头顶上梳高髻，以缯帛束结，并加勒子，如第12种。勒子在髻后打结后，还有两根飘带似的东西，垂到后颈上。再以窄巾一条，穿髻而出。巾的左段很短，垂在头的左侧。右段很长，出髻后在髻右曲成环形；再左引，在头后的左部，曲成U字形，下垂至颈上；又上引，在髻左曲成环形；再右引，穿前左引的一段而出，在头后的右部，曲成U字形，下垂至颈上；巾的末端，纳入髻后巾的中段内。

16. 双环高髻二——高髻束缯加勒子，如第15种，但是没有勒子的两带垂于髻后。也以窄巾一条，穿髻而出，在髻的左右曲成环形。巾的左段较短，曲成环后，向右引，末端盘曲而纳入右环的里面。右段较长，曲成环后，向左引，在头后正中曲成U字形，下垂至颈上；再上引，穿巾的左段而出，末端在头后的左部下垂至颈上。

17. 双环高髻三——高髻束缯加勒子，如第15种，但是没有勒子的两带垂于髻后。也以窄巾一条，穿髻而出，在髻的左右曲成环形，然后在髻后相交，打成一结，两段的末端下垂到颈上。

18. 双丫高髻——高髻束缯加勒子，如第15种，但勒子前罩额上，后勒于头后，没有打结，更没有下垂的两带。髻的两旁，不作两环而作高耸的双丫状，可能是巾裹假发所成。有一件巾的两端，还相并的在髻后下垂到颈上。

19. 双髻与双鬟——彭山女俑中，有一件在头前部的左右结成两个圆球状的髻，头后颈上还有一小髻。这种髻制，我们暂且叫它做双髻。另有一种双鬟，在头上的位置和双髻一样，只是变圆球状为环形。这在彭山陶俑中虽然没有，而在成都凤凰山出土汉画像砖中乐舞图一砖上，坐而宴饮的妇人和起舞的女子，头上都有双鬟。又乐浪出土的汉漆画像玳瑁小匣上所画女子，有一个头上有一鬟形，这种的鬟，可能是缯帛束成的，但仍以发束成的可能性为多，因鬟的制度，流传得很久，后世所见的鬟，多半是发鬟也。后汉辛延年《羽林郎》诗："胡姬年十五，春日独当垆。……两鬟何窈窕，一世良所无。一鬟五百万，两鬟千万余。"所谓"两鬟何窈窕"，似以形容胡姬发鬟的美，"一鬟五百万，两鬟千万余"，则言鬟上所附珠玉饰物的价值。双鬟大概为汉代少女的盛装，故诗人如此赞美，不过胡姬的两鬟，是否像以上所引图画上所见的高耸的双鬟，抑像后世所常见的低垂的双鬟，则无从考证了。

（二）簂

彭山陶俑中许多女子像，头上戴有勒子，综合起来，有以下4种形式：

1. 勒子前罩额上，后作带一条，勒于头后颈上。
2. 勒子前罩额上，在额的正中作尖角状下垂，后作带一条，勒于头后。
3. 勒子前罩额上，后面在头后正中打一小结。
4. 勒子前罩额上，后面在头后正中打一小结后，还有两根飘带似的东西，垂到后颈上。

按勒子是近代的名称，看它的形制，和汉人所记载的簂，极为相近，《释名》："簂，恢也，恢廓覆发上也。鲁人曰頍，頍，倾也，著之倾近前也。"《士冠礼》卷注："滕薛名蔮为頍[1]。"两条都说頍是簂的别名，则頍和簂必有相似之处。按頍的形制，是缁布的一圈，围在发上，疑簂也是圈发的东西。至于制簂的材料，据《后汉书·舆服志》："公、卿、列侯、中二千石、二千石夫人，绀缯簂。"这是说簂是用缯帛制的，但平民所用的簂，大概也和頍一样，用頍布制。而《释名》所

----

① 按蔮当作簂，详胡培翚《仪礼正义》卷一。

谓"著之倾近前"，好像簂的形制又和汉代的帻相似。我们猜想帻和簂都自颓出，将颓的前半加宽，顶上加帻巾和屋，便变成男子的帻，将颓的前半加宽，有时还在正中作成尖角状，而顶上不加帻巾，便变成女子的簂。因簂仍旧保留颓的圈状，所以在汉代颓仍为簂的别名。女子著簂，头上所梳的髻以及所加的饰物，都出于簂上，因此凡著颓而假髻及饰物的，有许多连结的名称，《后汉书·舆服志》："太皇太后、皇太后入庙服，……翦氂簂簪珥。簪以玳瑁为摘……左右一，版簪之，以安簂结。"《后汉书》卷一百二十《乌桓传》："妇人至嫁时乃养发，分为髻，著勾决，饰以金碧，犹中国有簂步摇。"按：步摇为古代的副，系于假发上加盛饰，前已说过。称"簂步摇"，则是除步摇之外，还有叫做簂的一件东西。据此传文气，乌桓人所著的勾决，相当于中国的簂，勾决也许就是簂的复语。至于翦氂簂，虽《建业风俗记》释为假髻，疑类于《周礼》之所谓编，但据《续汉志》"以安簂结"一语，结即髻，簂为髻以外的东西无疑。又《三国志·魏志·明帝纪》："诸葛亮遣使致巾帼妇人之饰，以怒宣王。"按：帼与簂通。《乌桓传》李贤注："簂音吉悔反，字或为帼。"所谓巾帼，大概是著簂而髻上兼裹巾，为当时女子的常服，因此巾帼二字，在后世遂成为女子的代称。

（三）巾

彭山陶俑中女子像头上著巾的，有以下5种形式：

1. 以巾蒙头而裹之，前垂到两肩，后包在颈上。

2. 以巾蒙头而裹之，前罩额上，后包颈上，头顶上平，歧出双角，似以表示巾内横笄安发的形状。

3. 以巾裹髻，前罩额上，两鬓的发露在巾外，巾在头顶上及头后的情形，看不清楚。只见头顶前面较低，中凹入两道，后面较高耸，略成双丫的形状。

4. 如第3种，惟罩后部歧出双丫的形状，更为显著，在左丫的下面，现出巾的一段曲成环状。

5. 如第3种，惟顶后部歧出双丫的形状，更为显著，头后更显勒带一条，两鬓各打一结。

此外还有梳高髻的，用窄巾一条穿髻而出，垂为装饰，并可能髻在结束以前，还蒙有一巾，前已详为叙述。因这类的巾，纯全是髻的辅助品，所以在这里从略。

按女子头上著巾之制，起源当甚早。女子出去采桑或收集果实，为避免头发挂在树枝上，用一块布蒙着，是很天然的事。其见于经传的，如《诗·郑风》："缟衣綦巾"，毛传说綦巾是女服，郑笺说是作者之妻之服，巾系头巾而非佩巾。这还可说郑康成以汉制释古。若《仪礼》所屡见女子首服之一"缅笄"的缅——一块裹发的黑缯，其形制用法，和近代的包头相似，这也许是汉代的巾所由来。缅笄这种首服，在周代从王后到庶民都通用，而巾在汉代，也是贵贱共有，正可见两者的关系。汉代女子著巾，两《汉书》上有好几条记载。《汉书》卷四十《周勃传》："文帝朝，太后以冒絮提文帝。"注引郑灼曰："《巴蜀异志》谓头上巾为冒絮。"《后汉书》卷七十二《东平宪王苍传》："今送光烈皇后假纷帛巾各一。"巾和假纷连文，应是头巾。又《后汉书》卷一百十四《列女传》称蔡文姬夫董祀犯法当死，文姬诣曹操请之，蓬首徒行，叩头请罪，操赐以头巾履袜。这更可见头巾为汉代女子的常服了。

（四）幓头

彭山陶俑中有女子首一件，著幓头，和男子著幓头之制相同，惟后面一条，勒在项上，比男子勒在头后的，位置稍低，髻式也稍为不同。按幓头用一幅布或帛裁成，和巾一样，但著法是从后横陌而前，交于额上，却绕髻，与巾的蒙髻不同。《汉书·周勃传》"太后以冒絮提文帝"之冒絮，晋灼释为头上巾，应邵释为陌额絮。陌额即陌头，幓头之别名，可见汉人对于幓头和巾，不严为分别，而女子著幓头，也从此得一史籍上的证据。

四、童子头式

（一）发式

男女幼小的时候，头发不梳成髻而翦成或结成各种的式样，在彭山陶俑中所见的，有以下4种：

1. 垂发——翦发使下垂于两鬓和额上的正中。这种发式，在汉代叫做髫。《说文》卷九上："髫，小儿垂结也。"《后汉书》卷八十三《周燮传》："始在髫髦而知廉让。"李贤注："髫，发也。"又卷五十六《伏湛传》："髫发厉志。"李贤注："髫发，谓童子垂发也。"

2. 总角——头上有角形，或在左旁，或在右旁，或在正中。按总角一名，有好几次见于古代经传。《礼记·内则》："男女未冠笄者，……总角。"郑注："总角，收发结之。"《诗·齐风·甫田》："总角丱兮。"毛传："总角，聚两髦也。"《诗·卫风·氓》："总角之宴。"毛传："总角，结发也。"郑笺："我为童女未笄，结发宴然之时。"所谓"收发结之"或"结发"，就是和现代小孩梳小辫子一样，聚集一些短发，用小绳一束便成，不是结发为髻那种结发。

3. 束发——彭山陶俑中有童子首一件，发在头后分三股下垂。若说是翦成这个样式，似乎不类，大概仍是像总角一样，聚集一些短发，在头后束成三支小辫子。

4. 光头——彭山陶俑中童子像有完全光头的。

（二）缠头

彭山陶俑中有好几件童子像，头上戴有幓头一样的东西，从后横陌而前，似乎是交在额上，成一圈的形状，因为无髻，似一端在额右部反入圈内，一端在顶上纳入圈内。这种东西，暂且名为缠头，也许即是《内则》所称"男女未冠筓者栉缝"的缝（即缅）。

（三）巾

彭山陶俑中有一件手持箕帚的童子像，似乎头上蒙有一巾，后裹在颈上。

五、衣

汉代发式和首服，男女间有相当严格的分别，至于衣裳，则分别很少，所以在这一节和以后的几节中，大半按着衣裳的样式分类，只少数按着人的性别分类。在彭山陶俑中所见的衣，有以下10种。

（一）上衣

上衣这名词，是以分别于下面的裳和里面的中衣与汗衣而言，汉代的上衣，和现代乡下女人的衣最相像，所不同的，现代的衣用纽扣，而汉代用一种叫做纼的衣系①。现代衣的开领法，是一个圆领加一个斜衿，而汉代则只一个交领而已。关于上衣的各部分，可以分开来讨论。

---

① 《释名》："纼，亦禁也，禁使不得解散也。"《说文》："纼，衣系也。"彭山陶俑中未见衣系，但斯文赫定和黄文弼在罗布淖尔所发现的残衣或裳，上有同质的小带，即《释名》和《说文》的所谓纼。这件东西现存中央博物院，惜已腐朽不堪，不能见其形制。

1．衣领

彭山陶俑上衣的开领法，大部分是右衽交领，即是说衣前襟的左面大幅掩在右面小幅上，而幅在胸前相交，成大约90°的角，然后左幅再斜到右腋下，与后面的裾相接。这种交领多半有缘，大概和近代衣服的宽滚条相似。还有两层或三层交领的，也是大部分有缘，这惟一的解释，是里面的衣领显露出来，若是一件衣，这种交叠是不可能的，按《晋书》卷二十七《五行志》上："孙休后，衣服之制，上长下短，又积领五六，而裳居一二。"所谓"积领五六"，大概是五六层衣服的领，和彭山陶俑的两三层领相似。

有一件是左衽，即是说衣前襟的右幅掩在左幅上。按：左衽是夷狄的风俗，所以孔子说："微管仲，吾其被发左衽矣。"《汉书》卷六十四《终军传》："殆将有解编发，削左衽，袭冠带，要衣裳，而蒙化者焉。"《后汉书》卷一百十六《西南夷传》："其人皆椎结左衽。……莋都夷，……其人皆被发左衽。"彭山陶俑的左衽，不一定表示抄袭夷俗，可能是做俑模时偶然的疏失。成都凤凰山所出汉代墓砖六块，上面的人多左衽。我们起初以为是汉时蜀郡人染了夷俗，好用左衽衣，细一思考，乃知当时人做砖模，误将模正刻，砖翻出后，便成反刻。

2．衣袖

彭山陶俑的袖有两种。一种是宽袖，长过手或及手，肘下很宽，袖口或宽或窄，这种袖见得很多。一种是窄袖，长及手，肘下和袖口都窄，这种袖只少数几件。按《汉书》卷五十四《马廖传》："长安语曰：'……城中好大袖，四方全匹帛。'"大概大袖在汉代是一种流行的式样，而窄袖则不过一般劳作者的常服。

3. 衣背缝

中国古代的布，每幅宽二尺二寸，合现代市尺约一尺五寸四分[①]，每一件衣的前襟后裙，必须两幅布缝合始成。在彭山陶俑中，前襟的合缝多不显，但带背缝的极多。

4. 衣衩

汉代的上衣，大概是开衩的。彭山陶俑中，有一件人体残部，衣衩显得很清楚。还有几件，衣前襟露在外面而后裾束在裳内，这无疑是衣开了衩，才能好此。

5. 衣的长短

《仪礼·既夕》："明衣裳，……长下膝。"郑注："长下膝，又有裳，于蔽下体洤也。"胡培翚《仪礼正义》卷三十一："凡服，衣上裳下，有裳以蔽下体，故衣不至膝。"盖明衣是死人的衣，故长到膝以下，普通生人的衣，是不到膝的。彭山陶俑中几件上衣前襟露在外面的，都长过腹而止。又有两件带剑拱立的人，腹下有三条，还有一件童子拱立像，腹上有三条，可能皆以表示衣前襟的下缘。

（二）男子舞衣

彭山陶俑中的男子舞衣，和上衣很相似，交领，长过腹，衣袖大而长。所见的舞姿有两种：第一种两手拉住袖交藏于袖内，举足起舞；第二种坐而一手置膝上，一手上举[②]。武梁祠画像中有舞人一，衣袖特别的长，可与此数俑相参证。

[①]　《汉书·食货志下》："太公为周立九府圜法，……布帛广二尺二寸为幅，长四丈为匹。"

[②]　用其他陶俑的衣服来比较，可以知为男子像。

（三）女子舞衣

彭山陶俑中的女子舞衣有三种。第一种差不多和上衣完全一样，只是袖子特大。第二种衣袖上加一华袿，即是将衣袖的近肘处做成荷叶边形，再从袖口处出一小而长的袖，如长斿一般，可以挥洒自如。第三种从袖口处出小而长的袖，只没有那荷叶边形。所见的舞姿也是两种：第一种左手提裳，右手上举，将长袖挥洒；第二种坐而左手置耳后。有的右手虽有华袿，而置耳后的左手并未见那挥洒的长斿，我们疑心这种长的舞袖，是个活动的东西，可以随时装卸，甚至可能持在手里①。成都凤凰山出土汉画像砖中乐舞图——砖上起舞的女子，她的两长袖即是持在手里的。

按汉代文献，记载舞衣者颇多，《汉书·司马相如传·上林赋》："于是郑女曼姬，被阿锡，揄纻缟，杂纤罗，垂雾縠。襞积褰绉，郁桡溪谷。衯衯裶裶，扬袘戌削。蜚襳垂髾，扶舆猗靡，翕呷萃蔡。"

这段自"蜚襳垂髾"以下三语，是指衣下部的饰片和长带之属，在彭山陶俑中看不见。袘，张揖释为衣袖，颜师古释扬袘为或举或曳的意思，无论哪一种说法，"衯衯裶裶，扬袘戌削"两句，是以形容舞衣长袖飘洒之状，可无疑义。颜师古释襞积为裙褶，似乎不妥，描写舞衣，不会先讲裙而后讲衣袖的，襞积是皱褶的意思，古代冠梁有许多皱褶，叫作辟积②。"襞积褰绉，郁桡溪谷"二语，大概是以形容那荷叶边状的华袿的。《后汉书》卷一百十下《文苑列传·边让传·章华赋》："被轻圭，曳华文，罗衣飘飘，但绮缤纷，纵轻躯以迅赴，若孤鹄之失群，振

---

① 用其他陶俑的衣服来比较，可以知为女子像。

② 《礼记·檀弓上》："古者冠缩缝，今也衡缝。"郑注："衡读为横，今冠横缝，以其辟积多。"张惠言《仪礼图》一："冠既为辟积，非缝之则不能平次，所谓缩缝横缝者，皆谓缝其辟积耳。"张并有图示冠梁辟积的形状。

华袂以逶迤，若游龙之登云。"所谓华袂，大概就是彭山陶俑中所见的那种舞袖，而游龙登云的姿势，从这种舞袖中更可以具体的想像出来。《后汉书》卷七十《上班固传·两都赋》："红罗飒纚，绮组缤纷。"《文选》卷二张衡《西京赋》："纷纵体而迅赴，若惊鹤之群罴，振朱屣于盘樽，奋长袖之飒纚。"薛综注："舞人特作长袖，飒纚，长貌也。"张铣注："飒纚，舞袖貌。"这几条也都是说舞衣的长袖的。至于傅毅《舞赋》（《文选》卷十七），描写各种舞姿，可谓尽态极妍，从其中"罗衣从风，长袖交横，骆驿飞散，飒沓合并。……体如游龙，袖如素蚬。"等语，更可想见舞袖之长和飘洒的形状。

（四）女子窄袖长衣

按《周礼·天官·内司服》郑注："妇人尚专一，德无所兼，连衣裳，不异其色。"《诗·绿衣》郑笺："妇人之服，不殊衣裳，上下同色。"《释名·释衣服》："袍，丈夫著下至跗者也。袍，苞也，苞，内衣也。妇人以绛作衣裳，上下连，四起施缘，亦曰袍，义亦然也。"据此，似周代至汉代，妇人的衣裳，都是上下相连，和近代男子的长袍一样。但彭山陶俑中女子像，多半是上衣下裳，和男子同样的装束。只有少数几件女子拱立像，衣窄飘袖衣，下曳及地，衣裳不分，可能是《周礼》郑注、《诗笺》和《释名》所说的那种连裳的衣。不过这几个俑，都做得相当粗陋，面目衣服各部分，表现得相当简略，还有两件内实而不空，似乎是用手捏成而不是用模制成的。看了这几件以后，叫人发生一种感觉，它们是仿汉代的木俑做成。这种简陋的作品所表现的，是否可以代表汉代一种衣式，很是问题，姑且留在这里，以待将来的考证。

（五）女子操作衣

彭山陶俑中有几件女子像，所穿的衣，窄袖，长才过膝，衣裳不分，其中一件后面下部有许多直条纹，似近代女人裙褶的样子。穿这种衣的，都是服役的女子，如持箕帚的，持觯的，持拂尘的。大概汉代女人的衣服，以长曳地为常，汉画像中所见多半如此。惟有在操作的时候，为便利起见，乃穿较短的衣服，如上所举的，应是汉代女子操作服的普通式样。至于《汉书·文帝纪》所称夫人衣不曳地，卷九十九上《王莽传》所称莽妻衣不曳地，不过是一种便服，表示节俭而已。

（六）小儿袍

彭山陶俑中有一件小儿立像，著长袍，窄袖，下及地，腰未束带。这种衣式，在汉代俑和画像中都很少见。

（七）褠

彭山陶俑中有童子持铘刀立像两件，所穿的衣，窄袖，长过腹，同上衣相似，不过下面没有裳，所以衣的前襟后裾，都露在外面，这种衣大概就是汉人所谓褠，《释名·释衣服》："褠，禅衣之无胡者也，言袖夹直形如沟也。"《后汉书》卷十上《明德马皇后纪》："仓头衣绿褠，领袖正白。"李贤注："褠，臂衣，今之臂褠，以傅于左右手，于事便也。"但细玩正文"领袖正白"一语，应当是正式一件衣而非臂衣。毕源《释名疏证》卷五谓："褠，俗字，本作韦旁。……褠者，著于左臂，韬袖使直者也，因而谓直袖之衣为褠，言若著褠然也。"此言最为得之。苍头著直袖衣，是为作事较便，彭山陶俑中惟持铘刀的童子著这种衣，正可与《后汉书》相印证。

（八）左衽衫

上所举两件著褕的童子像中，有一件在褕上还加了一件衣，长才及腹，左衽，窄袖，袖的长不及肘（图褕）。按《释名》："衫，芟也，芟末无袖端也。"毕源释为"短袖列祛之衣"，也许所指的即是这种衣，但左衽的在汉代俑及画像中极少见，也许是做俑模时偶然的疏失。

（九）直领衣

在彭山所出男子持箕铲像的俑中，有一件所著衣，像近代男人的西装和女人的短外套一样，窄袖，前襟两幅从正中开，襟下部从腹至两侧，略带圆状，后裾长到臀部。另有一件和此相似，不过较长，披在身上，如披风一般。这种衣大概就是汉代所谓直领衣，任大椿《深衣释例》二（《清经解续编》卷百九十二）："考《方言》'袒饰谓之直衿'，注谓'妇人初嫁所著上衣直衿'。《汉书·广川王传》晋灼注：'今妇人直领。'《释名》：'直领斜直而交下，亦如丈夫服袍方。'然则直领为妇人之服，而汉世男子亦遂有直领者，故《释名》以妇人直领，拟诸丈夫袍也。《盐铁论》云：'及其后丝表枲里，直领无袆'，即知汉时多用直领矣。"据任氏说，汉代妇人应当多用直领。但在彭山陶俑中未见，在孝堂山画像中，有五个拱立的人，穿的衣直领，襟下部作燕尾状。按燕尾状的衣服，汉代叫做袿衣，是妇人的礼服[1]。则这两个拱立的人也许是妇人。

---

① 《释名·释衣服》："妇人上服曰袿，其下垂者，上广下狭，如刀圭也。"毕源注："上服，上等之服也。"《汉书》卷四十五《江充传》："充衣纱縠襌衣，曲裾后垂交输。"张晏注："曲裾者，如妇人衣也。"如淳注："交输，割正幅，使一头狭，若燕尾，垂之两旁，见于后，是礼深衣续衽钩边，贾逵谓之衣圭。"《文选》卷八《司马相如子虚赋》："蜚襳垂髾。"郭璞注："司马彪曰：'髾'袿饰，髾，燕尾也。'"

（十）胡服

彭山陶俑中胡人吹笛像穿的衣，也是直领，后有背缝，袖才过肘，腰无束带，其他部分虽不清楚，但稍为看得出来与普通的衣不同，也许是胡服。

附：裸袒

彭山陶俑中有几件裸袒上身的，其中童子持铡刀像二件，男子一手上举作持物状像一件，两手上举像一件。汉石刻中裸体的，除云间仙人外，有嘉祥刘村刻石之吐火者，武梁祠画像中之水中捕鱼者及祥瑞图中浪井上二人，成都凤凰山所出汉代墓砖乐舞图——砖上献技的二人，似亦裸袒上身。

六、裳

（一）裳的形制

裳是遮蔽人下体东西，与衣相对而言，所以《释名》说："凡服上曰衣，……下曰裳，裳，障也，所以自障蔽也。"《说文》也说："衣，依也，上曰衣，下曰裳，像覆二人之形也。"周代的裳，据《仪礼·丧服》郑注，是用七幅布或缯帛拼成，腰上有许多皱褶，所以成为下大上小的形状①。张惠言作《仪礼图》，想像裳腰的两端，有两根短带（见《清经解续编》卷三百十三）。汉代的裳，由几幅拼成，不得而知，但它的形制，可能就是简单的长方形，腰上没有皱褶，两边幅着在人身上时，就是横着一围，在身后相交。从彭山陶俑所见裳幅相交的痕迹，都是从身后腰部的

---

① 《丧服》注："祭服朝服，辟积无数，凡裳三幅，后四幅也。"

左侧向右斜而下，可证明此点。既然是这种著法，大概裳腰的两端也没有那两根小带，而是由束腰的大带束住的。从俑中所见裳的束法，大半是像现代西洋女人穿裙子一样，把衣的下部束在裳内，惟有少数几件，让衣的前襟全露出，在前节论上衣的长短一段业已提过，还有一件，让衣的后裙也露了出来。又有几件，裳前也有交幅的痕迹，左幅压于右幅上，并且上面那一幅，显得特别的厚，这是裳的一种变制。

（二）裳的彩饰

裳的下缘叫做齐，《礼记·玉藻》："足如履齐。"郑注"齐，裳下缉也。"孔疏："身折则裳前下缉委地。"《曲礼》："去齐尺。"郑注同《玉藻》。《汉书》卷六十七《朱云传》所称"摄齏登堂"的齏，也是齐的异文。在彭山陶俑中，有好几件裳齐有一排或两排印点纹，大概以表示彩饰。可注意的，在上所举的九例中，只有两件男子像，一件童子像，其余六件全是女子，其中两件是拱立像，一件乳儿像，一件摄裳行像，两件舞像，都是身份比较高一点的，大概带彩饰的裳，在汉代家常服装中，已算盛服。有好几件裳前部有直条或斜条曲条纹的，可能都是表示彩饰。还有一件后齐有彩饰，前齐有宽的缘。

汉石刻中，如武梁祠画像的丹季载及其乳母，孔门弟子，颜子，子路以及舞人，裳齐均有彩饰。

（三）裳的长短

彭山陶俑的裳大半是长曳地的，最多把双足露出来，但也有短裳，长才到膝或在膝以上。著这种裳的多半是服役的人，如持箕铲的男子和持箕帚的童子，因为短裳便于操作的缘故。汉刻石中人像也是以长裳为多，但如孝堂山画像中执戈戟的，持刀的，持棍的，射箭的，负毕的，撑船的，牵马的，挽车的，赶骆驼的，武梁祠画像中执便面的，弯弓射的，执戟的，执刀盾的，舟中打桨的，捉鱼的，割牲的，有许多著短裳，《后汉书》卷一百十四《列女传》"鲍宣妻传"："妻乃悉归侍御服饰，更著短布裳，与宣共挽鹿车归乡里。"更可证明短裳为操作之服。

（四）内裳

彭山陶俑中有好几件在裳的里面还著有一层东西，比裳稍长一点，只好叫它做内裳。武梁祠画像中的帝颛顼、帝禹像，均著内裳，这是想像的图画，然可以反映汉代的制度。

（五）裳的别称——裙

汉代裳又叫做裙。《释名》："裙，下裳也，裙，群也，联接群幅也。"①《后汉书》卷五十七《王良传》："而良妻布裙曳柴。"布裙与鲍宣妻之短布裳，同一意义。又卷十上《明德马皇后纪》："常衣大练裙，不加缘。"卷五十《祭遵传》："夫人裳不加缘。"两条也是同一意义。古《陌上桑》诗："绿绮为下裳，紫绮为上襦。"《古诗为焦仲卿妻作》："朝成绣夹裙，晚成单罗衫。"以襦与裳对称，衫与裙对称，无非表示上下之别，亦可证明裳与裙为一物。

七、带

（一）周至汉的两种带

周人所著的带，有大带、革带两种，大带以束衣裳，革带以佩物②，

---

① 《释名》文据毕源证疏本。

② 《仪礼·丧服》郑注："要绖象大带，又有绞带革带。"贾疏："吉备二带，大带申束衣，革带以佩玉及佩事佩之等。"

至汉代犹如此。《史记》卷一百十《匈奴传》："黄金饰具带。"《汉书·匈奴传》文同，孟康注为"要中大带"。《汉书》卷六十五《东方朔传》："以韦带剑。"韦是用革制成的柔皮，用以带剑，可知不是束腰的大带。

（二）大带

据《礼记·玉藻》，自天子至于士，大带都是用丝制成。观汉画像中所见垂带的形状，以及彭山陶俑中所见许多带的垂绅①和带在腰上缠绕数围的痕迹，可知汉代的大带，还是大半以丝或布制成。但有几件带的一端翻出来，表示带质有相当的硬，其中两件还有带钩，这种大带，大概是皮革制成。按古代有所谓鞶带。《易·讼》之"上九：或锡之鞶带"，马融虞翻注："带，大带也。"《说文》亦云："鞶，大带也。"《太平御览》卷六百九十六引某氏注云："鞶，命服之上饰革带也。"大概古人束腰的大带，也有用皮革做成的，就叫做鞶带。《汉书》卷五十一《贾山传》："夫布衣韦带之士。"师古注："韦带，以单韦为带，无饰也。"《后汉书》卷六十九《周磐传》："乃解韦带，就孝廉之举。"李贤注："以韦皮为带，未仕之服也，求仕则服革带，故解之。"这几条所称的韦带和革带，似乎也都指束腰的大带，即《史记》、《汉书》所称"黄金饰具带"，孟康释为"要中大带"者，亦是用皮革制成，才能用黄金为饰。

（三）佩物的革带

佩物的带，在彭山陶俑中有两件看得很清楚。两件都是佩刀的。一件右端从人的右腋下出，渐斜下向左，穿入左侧所佩的刀衣鼻而过，便

---

① 大带束腰后，垂在身前的两端叫做绅，见《玉藻》文本及郑注。

不复见，在近右端的地方，还有两根短的垂绅，似乎并不是带的两端所结成的绅，而是一种加的装饰。一件在人身前腰下稍偏左的地方，穿刀衣鼻而过，两端都斜向上，至两腋下不见。这种带，一见而知为皮革制成，可惜在人身上如何系法，没有显出。

（四）带钩

前所提的两件有带钩的，这些带钩的用处，是将带的两端扣住。凡皮革制成的带，大半须用带钩，因带本身不能打结。《后汉书》卷八十四《杨赐传》："诏赐御府衣一袭，自所服冠帻绶，玉壶革带，金错钩佩。"以革带与钩佩连文，可知两者的关系，又《史记·匈奴传》："黄金饰具带一，黄金胥纰一。"《汉书·匈奴传》文同，惟胥纰作犀毗。师古注："犀毗，胡带之钩也，亦曰鲜卑，亦谓师比，总一物也。"《战国策》卷十九《赵策》："赵武灵王赐周绍胡服衣冠，具带黄金师比，以傅王子。"均以带钩与黄金具带连文[1]，其意自明。

八、杂服

（一）衻

彭山陶俑中有几件持刀盾或持箕铲的男子像，在下身的两侧，裳的外面，披有两片东西，上束在大带内，下作圆角，略如舌形，与裳等长。这两片东西，无以名之，姑名为衻，按《释名》："衻，襜也，在帝襜襜然也。"《方言》："褛谓之衻。"郭注："衣襟也，或曰裳际也。"所谓"在旁"或"裳际"，都是根据《玉藻》"衻当旁"一语而来。郑注是语云："衻，谓裳幅所交裂也。凡衻者，或杀而下，或杀而

---

[1] 　《赵策》所称"具带"，为"黄金具带"之略，见王国维《胡服考》，《观堂集林》卷二十二。

上，是以小要取名焉。衽属衣，则垂而放之，属裳，则缝之以合前后，上下相变。"孔疏引宣氏云："或杀而下，谓丧服之衽，广头在上，狭头在下。"所谓"属衣则垂而放之"与"广头在上，狭头在下"的形制，自张惠言《仪礼图》中的裁衽图与端衣图可见大概，端衣图所见垂衽，作燕尾状，与陶俑身旁所垂两片，有几分相似。故疑俑的两片，由古代属衣之衽而出，而即名此两片为衽，似亦合理。

（二）袴

彭山陶俑中所见著长袴的有2件，均著在裳内，长及足。著短袴的有9件，其中3件著在裳内，余皆单著。这些短袴除其中2件似卷到膝而外，余皆长过膝而止，这种袴也许即是汉代的犊鼻裈。按《汉书》卷五十七上《司马相如传》："相如身自著犊鼻裈，与庸保杂作。"刘奉世注："犊鼻穴在膝下，裈财令至膝，故习俗因以为名。"犊鼻裈是庸保所著，而俑中著短裈的，亦都是操作的人，如持箕帚的，持铡刀的，负物的，在汉画像中，著短袴的也大半是些挽车的，执棍的，打桨的，捉鱼的，宰牲的，以及乐伎一类的人，三者可互相印证。

（三）履与屦

古人履屦二字通用，故《说文》履部云："履，是所依也，屦，履也。"《释名·释衣服》云："履，礼也，饰足所以为礼也。亦曰屦，屦，拘也，所以拘足也。"这里为分别起见，凡普通的鞋子叫做履，草鞋叫做屦。在彭山陶俑中，著履的有3件，著屦的有4件，它们的形制都与近代的履和屦相同[①]。近代制履，或用丝，或用布，或用皮革，织屦或用绳，或用草，在汉代也是如此，故《释名》："荆州人曰麤，丝麻

---

① 乐浪彩匣冢中所出漆涂革沓（乐浪彩匣冢廿七图），形制与彭山之履相似，惟底极厚。

韦草，皆同名也，麤，措也，言所以安措足也。"又："齐人谓草屦曰扉。"《后汉书》卷一百十三《梁鸿传》："女求作布衣麻屦织作筐缉绩之具。"《汉书》卷四十八《贾谊传》："今民卖僮者，为之绣衣丝履偏诸缘。"《汉书》卷七十七《郑崇传》："每见曳革履。"大概革履布履，为一般人的常服，革屦绳屦，是操作时所著，著丝履则是奢侈品，故贾生为之长太息也。

（四）曲领

彭山陶俑颈上，大半有突起的一圈，骤然一看，令人发生一种感觉，这不过是在做陶俑时，故意在颈上做成一个平面，好把分制的头安上去。但细一观察，陶俑的制造，头和身多半是合制成的，这种平面似不需要。而且这种绕颈的圆圈，往往显出平行几道，有点像东西缘了边的形状，还有两件，妇人乳儿像，因为外衣解开，胸前露出一块东西来，这块东西和绕颈的圆圈是接连一气的。因此我们揣测，这种东西大概和小儿的围涎相似，绕颈一圈，反结在后颈上，胸前一块成圆形或方形。这种东西在汉代叫做曲领，按《急就篇》卷二："袍襦表里曲领。"师古注："著曲领者，所以禁中衣之领，恐其上拥颈也，其状阔大而曲，因以名焉。"《释名》："曲领在内，所以禁中衣，领上横拥颈，其状曲也。"这几条都是说古人戴一种围涎式的东西在颈上，目的在罩住内面衣服的领子，不让它们挤到颈上来，从彭山陶俑中所见的曲领，它们是否有这种用处，不得而知，但无疑的因普通的衣服都是交领，人必须戴有这种围涎式的东西，胸前的肌肉才不至露出，从两件妇人乳儿像中，这种用处，可以充分地看出来。

（五）小儿拥咽

彭山陶俑中有一件真正小儿的围涎，和现代的围涎一样，不过特大，直披到肩上。这种东西，大概即是《礼记·深衣》孔疏所说的拥咽。按《深衣》："曲袷如矩以应方。"郑注："古者方领如今小儿衣领。"孔疏："似今拥咽，故云若今小儿衣领，但方折之也。"其实《深衣》原文和郑注所说的是两襟相交的方领，即交领，孔疏以拥咽释之，实为谬误。不过拥咽在汉代确已有之。《汉书》卷五十三《广川王传》："时爱为去刺方领绣。"服虔注："如今小儿却袭衣也，颈下施衿，领正方直。"所谓"颈下施衿，领正方直"，应是拥咽，不过这种拥咽的领开成方形，而俑中所见的则是圆形，现代小儿围涎亦有圆领方领二种，不足为异也。

（六）小儿褓

《汉书》卷八《宣帝纪》："曾孙虽在襁褓。"李奇注："褓，小儿大藉也。"孟康注："褓，小儿被也。"彭山陶俑中有两件妇人乳儿像，裹小儿的东西，长过小儿的足，下缘有彩饰，大概即是褓。

（此文系曾昭燏参与编写的《四川彭山汉代崖墓》发掘报告中有关陶俑部分，进一步以论文形式重新编撰而成。1982年发表于《南京博物院集刊》第5期。本文版本参照南京博物院编《曾昭燏文集》，文物出版社1999年版）